În așteptarea *lui* DUMNEZEU

Zbor cutezător către o chemare prin credință

POVESTEA ADOPȚIEI UNUI COPIL CU NEVOI SPECIALE

BARBARA KUHLS

alias 'mama copilului meu'

DEDICAȚIE

Dedic această carte lui Cristi Andrieș, soțul Andreei
Stoica Andrieș. Nunta lor a făcut posibilă reuniunea
lui Ionuț cu familia sa biologică românească.
Viața lui scurtă pe acest pământ s-a încheiat prea
curând, însă sufletul său frumos încă trăiește.

Profitul obținut de pe urma vânzării acestei cărți
va merge către copiii cu nevoi speciale.

CUPRINS

Mulțumiri ix

Vremuri întunecate 1

Un vis nou 4

În așteptare. Tiroidă 7

Scrisoare de la Dumnezeu 10

Dându-le vestea copiiilor noștri 15

Bunici din nou 18

Moștenire 20

Bogăția Sa în slavă 22

Mâncare, iarăși mâncare, și dezordine 27

Testarea angajamentului 30

Inundați de binecuvântare 32

Sosirea la București 35

Cu trenul spre Iași 39

În sfârșit la Iași 42

Noapte bună la lună 44

Ziua când l-am luat 47

Vizitarea 51

Înapoi la București 54

Făptură minunată 56

Înger mic și blond 59

Primire la O'Hare 63

Noul tău nume va fi 66

Zi de zi, săptămână de săptămână 69

Am pantofi 72

Când mergi 76

Creșterea 79

Pastori români și furtuni de Wisconsin 85

Cealaltă mamă 88

Invitație la nuntă 90

În așteptare. Galați 93

Reuniune de familie 95

Anunțul lui Ionuț pe rețelele de socializare 99

Prânzul la fermă 101

Ziua nunții 104

Mărturie la adunare 108

Crezând incredibilul 110

Din nou la O'Hare 114

Mesaj de la autor 117

Cartea adopției 121

Despre autor 141

MULȚUMIRI

Nu m-am considerat niciodată scriitoare, dar mintea mea derulează o narațiune în care descrie întâmplări, relații, scene și reacțiile mele vizavi de ele. Mereu am fost genul care să țină jurnale, iar soțul meu, și alții, întrebau uneori, "Când ai de gând să scrii cartea aia?" Care carte? Astea sunt doar gândurile mele de zi cu zi, între mine și Dumnezeu, despre viață. De câte ori spuneam povestea despre cum Dumnezeu ne-a ales al treilea copil, ascultătorii spuneau, "Ar trebui să scrii o carte!"

Când fiul meu a fost reunit cu familia lui biologică, am câștigat cu toții încă o familie. În timpul acelei reuniuni l-am auzit pe Dumnezeu șoptind: "Acum. Scrie cartea." Dacă citești asta, se prea poate ca tu să fii cel care m-a încurajat să o scriu, așa că îți mulțumesc pentru imbold.

Îi mulțumesc în mod special soțului mei Ron, pentru încurajare și sprijinul oferit dintotdeauna. Puțini știu că el a fost unul dintre cei care au făcut o donație substanțială către pastorii români în 2001. Din această donație s-a tradus manualul *Rețeaua - Ghidul Participantului* în română, ca pastorii să poată preda credincioșilor despre darurile spirituale. Originalul în engleză a fost scris de Bruce L. Bugsby și Bill Hybels.

Cuvintele nu pot descrie cât de mult îl apreciez pe fiul nostru, Ionuț, pentru că mi-a permis să scriu povestea lui astfel încât să-i încurajeze și pe alții—în ciuda smereniei și reținerii lui de a-și publica povestea. El a citit fiecare capitol, și ar mai putea scrie el însuși multe altele, dar asta e altă poveste. De asemenea îi mulțumesc pentru poza de pe copertă, făcută chiar de el într-unul din multele lui zboruri. Îți mulțumesc, Tom Otte, de la tomotteimaging.com, pentru fotografia autorului, m-ai făcut să arăt mai bine decât în realitate (îți fac cu ochiul acum).

Am o recunoștință profundă și tot respectul pentru Carmen și Cătălin Stoica, cei care i-au dat viață lui Ionuț și care continuă să se roage pentru el. Ei ne-au primit în familia lor mulțumitori că Dumnezeu le întoarce fiul ajuns adult. Sper ca această carte să fie o binecuvântare pentru ei. Îi sunt datoare fiicei lor, Andreea—mult prea repede văduvită de iubitul ei soț, Cristi Andrieș —pentru reconectarea familiilor și ajutorul oferit părinților ei pentru scrierea capitolului ce le aparține din această carte, care, de departe, este cel mai bun dintre toate.

Mulțumesc Tamarei și Ruxandrei Neacșu, care ne-au ajutat cu traducerile de-a lungul anilor. Tavi Iordache, un alt traducător tânăr, și părinții lui, pastorul Eugen și Nicoleta Iordache din Galați ne-au fost de mare ajutor făcând reuniunea posibilă. Nu doar că ne-au primit în casa lor și ne-au hrănit cu mâncare gustoasă, dar ne-au dus cu mașina la nuntă la Huși, și oriunde ne-am mai dorit să mergem. Mulțumesc lui Daniel și Deliei Blidar, care l-au primit cu căldură pe Ionuț de multe ori, și l-au inclus în comunitatea românească. De asemenea sunt recunoscătoare pastorului Tim Haugen, pastorului Mihai Dumitrașcu, pastorului Ken Nabi, lui Jeanette Stone și multor altor învățători ai Bibliei, prea mulți pentru a fi menționați, care au fost esențiali în creșterea mea, călăuzindu-mă în umblarea mea pe calea lui Hristos.

O mare mulțumire spitalului Shriner's pentru copii și firmei Scheck & Siress Prosthetics pentru întocmirea și mentenanța picioarelor lui Noot, marca Shriner. Și Marty Ryan merită menționat pentru grija și atenția lui dedicată ca Noot să rămână pe picioarele sale. Le mulțumesc, de asemenea, tuturor profesorilor și terapeuților care au jucat un rol esențial în transformarea lui Ionuț într-un american care vorbește limba și poate citi, ajutându-l să se adapteze la cultura noastră ciudată.

Kristi Wilkinson, autoarea cărții *The Child Who Listens (Copilul Care Ascultă)*, care mi-a ajuns în brațe, a fost o mare susținătoare și pre editor pentru acest proiect. Mi-a devenit o prietenă dragă, ea însăși având un fiu adoptat din România. Îi sunt îndatorată și sper să o întâlnesc în persoană în curând. Trebuie să-i mulțumesc lui Susan Baganz, autoare și prietenă, care a condus prin puterea exemplului și m-a încurajat să perseverez. Beth Lottig, editoarea și publicista mea care a transformat manuscrisul meu în ceva demn de citit. Îți mulțumesc, Beth.

Brigada de marți, Fetele din Garaj, și mulți alți prieteni care s-au rugat pentru mine pe parcursul acestui proiect. Sunt recunoscătoare pentru fiecare dintre voi care a crezut în mine și ați purtat detaliile acestui proiect înaintea tronului lui Dumnezeu. Fii binecuvântată, Mary Tighe, pentru faptul că mi-ai permis să-ți folosesc căminul ca să pot scrie fără să fiu întreruptă.

Fiind o cititoare avidă dintotdeauna, apreciez multitudinea de autori ale căror cărți le-am citit. Dacă am împrumutat vreo frază sau stilul operelor lor, îmi cer scuze, nu a fost cu intenție. Ceea ce citesc mi se întipărește în minte fără să pot deosebi propriile gândurile de cele ale altora. Creierul meu conține fragmente din cărți, poezii, cântece, manuale de istorie, reviste, și orice altă piesă literară pe care pun ochii. Îi mulțumesc mamei mele, Dorothy pentru că m-a învățat și m-a inspirat să citesc pentru a obține informații, de plăcere și drept provocare. Le mulțumesc profesorilor mei de engleză, care m-au învățat scrierea, vocabularul, gramatica și exprimarea creativă.

Mai presus de toate, îi mulțumesc Tatălui meu ceresc, care m-a adoptat când eu eram fără de tată. Prin harul Său și dragostea Sa, m-a primit în familia Sa împărătească și mi-a oferit tot ce-mi trebuia, și chiar mult mai mult decât mi-aș fi putut dori sau imagina vreodată. Fără dragostea Sa și sacrificiul Fiului Său Isus, mântuitorul meu, nu s-ar fi aflat în mâinile dumneavoastră această carte, căci nu s-ar fi transpus dinspre viața mea spre tastatură. Cartea Sa, Biblia, este, de departe, cea mai bună carte, pe care o citesc mereu și mereu. Ar trebui să o luați și să o citiți de îndată ce o terminați pe asta.

> *Dar când a venit împlinirea vremii, Dumnezeu a trimis pe Fiul Său, născut din femeie, născut sub Lege, ca să răscumpere pe cei ce erau sub Lege, pentru ca să căpătăm înfierea. Și pentru că sunteți fii, Dumnezeu ne-a trimis în inimă Duhul Fiului Său, care strigă "Ava!", adică "Tată!" Așa că nu mai ești rob, ci fiu; și dacă ești fiu, ești și moștenitor prin Dumnezeu.*
>
> —GALATENI 4:4–7

VREMURI
ÎNTUNECATE

Nicolae Ceaușescu, cu regimul său comunist de mână de fier, decimase economia împreună cu spiritul majorității românilor. În timp ce îi impozita și supraimpozita pe muncitori, el construia pentru sine un palat extravagant în București. Voia ca acesta să fie cea mai mare și mai opulentă clădire din lume. Pentru a-i face loc au fost cumpărate (confiscate) casele de pe mai multe străzi din zonă pe prețuri de nimic. Pereții, podelele și scările grandioase au fost acoperite cu marmură și aur, ducând spre camere mari cât câteva dintre casele micuțe ale familiilor. Casele care nu au mai fost necesare pentru schema palatului au fost, de asemenea, cumpărate pe bani puțini și apoi închiriate înapoi oamenilor pentru sume mult mai mari. Acesta a fost modul lacom al lui Ceaușescu de a deține totul și controla pe toată lumea. Majoritatea nu a avut încotro decât să se mute în clădiri pătrate—blocuri de ciment cuprinzând apartamente urâte. Acestea ajungeau până la zece etaje înălțime și erau fără lifturi funcționale.

În Iași și în alte orașe, aceste clădiri erau "încălzite" de către guvern. Un cazan central uriaș era sursa de căldură pentru clădirile aflate în rază de până la trei străzi distanță. Apa încălzită era transportată de conducte gigante prin aerul friguros al iernii până în apartamentele oamenilor, pierzând cantități mari de căldură pe drum. Cei care erau suficient de bogați pentru a locui în apropierea centralei de încălzire trebuiau să își deschidă ferestrele pentru a suporta excesul de căldură în timp ce cei de la periferie stăteau îmbrăcați cu paltoanele în casă. Se întâmpla uneori ca apa să fie suficient de caldă pentru un duș, dar nu te puteai baza pe asta.

În acești ani de comunism, clasa muncitoare își putea permite să aibă un copil sau, cel mult, doi - asta dacă aveau vreunul. Ceaușescu îi asigura că bebelușii lor vor fi bine hrăniți în orfelinatele de stat, în timp ce părinții așteptau la cozi cu cartelele de rație pentru a cumpăra alimente, care de multe ori nici măcar nu erau disponibile. În realitate, scopul său era să-i îndoctrineze și să-i formeze în comunism, astfel încât să fie soldați buni. Erau preferați băieții, deși erau acceptate și fetele atletice.

Pe 25 decembrie 1989, poporul s-a revoltat și a cerut încetarea acestei nebunii. Timp de câteva zile, mulțimi de cetățeni au umplut piața din jurul palatului său. În cele din urmă, nebunul a fost judecat și executat—comunismul se prăbușea!

Pe măsură ce străinii au început să pătrundă la granițe pentru oferirea de ajutor și recuperare, orfelinatele fostului dictator au intrat în atenția publică. Copiii au fost găsiți subnutriți, bolnavi, needucați și trăind în condiții mai rele decât animalele în America. Mulți fuseseră deja scoși din centre și, ajunși pe străzi, au recurs la a cerși ca să supraviețuiască.

Creștini și oameni cu inimă bună din Suedia, Italia, SUA și alte țări occidentale au preluat treptat orfelinatele și au înființat altele noi.

Părinții care au putut și-au revendicat copiii, dar pentru majoritatea era prea târziu. Nu au mai putut fi găsiți. Îngrijitorii—cunoscuți și sub numele de mame—au făcut tot ce au putut, dar hrana și proviziile erau încă greu de găsit pentru atât de mulți micuți.

UN VIS NOU

În primăvara anului 1997, am răspuns la strigătele unui bebeluș, mergând la pătuț pentru a vedea de ce avea nevoie micuțul. Iată-l acolo, înfășurat într-o pătură, cu piciorușele sale mici în botoșei—dar fără să fie atașate de corpul său. Speriată, mi-am dat seama că fusese un vis. Dar știind că Dumnezeu chiar vorbește oamenilor prin vise, m-am întrebat despre semnificația acestui vis.

"Doamne, Tată", m-am rugat, "Dacă Tu îmi transmiți ceva prin acest vis, te rog să-mi explici, pentru că sunt confuză. Totuși, dacă nu vine de la Tine, ajută-mă să uit, căci este tare straniu."

Câteva zile mai târziu am rămas uimită din nou, în timp ce eram la biroul unde lucram pentru Bethany Christian Services. Lucram ca și consilier al părinților naturali, și, deci, nu citeam întotdeauna anunțurile și e-mailurile din partea asistenților sociali care erau desemnați să selecteze și să asiste părinții adoptivi. Nu am vrut să fiu atrasă emoțional de poveștile lor; am preferat să mă concentrez asupra nevoilor și procesului părinților biologici care făceau planuri de a da înspre adopție. În acea zi, totuși, nu eram deosebit de ocupată, și mi-am permis să parcurg lista intitulată "Copiii promisiunii".

Aceștia erau copii și sugari care fuseseră aprobați spre adopție, însă dificil de plasat în familii din cauza vârstei și a nevoilor lor speciale.

Parcurgând lista am observat grupuri de frați și surori, copii mai mari, din țări străine, precum și cei cu nevoi medicale minore sau severe. Ultimul din listă mi-a atras atenția și am recitit descrierea: "băiat în vârstă de doi ani, născut în România, cu o singură mână și fără picioare". Mi-am amintit instantaneu de visul meu de mai devreme, și am știut că Dumnezeu îmi spunea ceva—dar ce?

Cu siguranță nu sugera ca eu și soțul meu Ron să-l adoptăm. Eram amândoi deja trecuți de patruzeci de ani, cu doi copii mari— unul deja căsătorit și celălalt plecat și el din casă. Ar fi fost ridicol să o luăm de la capăt, ca să nu mai vorbim de faptul că acest copil ar avea tot felul de nevoi speciale. Am rămas surprinsă din nou, așa că m-am dus să discut cu secretara și prietena mea, Ann Haugen, singura persoană care se mai afla acolo.

"Măiculiță!" a fost tot ce a putut spune Ann. După ce s-a gândit puțin, a sugerat plină de înțelepciune: "Ar trebui să ne rugăm".

Am fost de acord. "Asta era!" Cu toate că deja știam în duhul meu, nu eram încă pregătită să mă gândesc la asta, totuși am articulat, "Dumnezeu vrea ca noi să ne rugăm pentru acest micuț, să fie plasat la părinți care să-l iubească și să-l îngrijească, oferindu-i mediul de care va avea nevoie pentru a crește în acord cu scopul lui Dumnezeu pentru viața lui". Așa că ne-am rugat împreună. Eu i-am promis în tăcere lui Dumnezeu că mă voi ruga pentru el ori de câte ori îmi va veni în gând.

Nu aveam să îi spun încă nimic lui Ron. Ținând cont de faptul că de cele mai multe ori făcea rost de orice prezenta interes pentru mine, nu voiam să-și îndrepte gândurile în acea direcție. Cel puțin nu încă. Nu eram sigură că vreau asta, și nu aveam de gând să aduc la înfăptuire vorbind, sau chiar gândindu-mă la asta. De fapt, întreaga poveste mă speria de moarte.

M-am întors la treabă și am încercat să mă concentrez asupra cazurilor curente. Aveam o mamă naturală cu care trebuia să mă întâlnesc a doua zi, și o audiere pentru TDP (terminarea drepturilor parentale) la sfârșitul săptămânii. Încetarea drepturilor părintești nu doar că este o chestiune foarte emoțională pentru mama naturală, dar, de asemenea, presupune un volum mare de muncă din partea asistentului social cu toată hârțogăraia.

Trecuseră doar câteva săptămâni și a sosit un nou număr din *LifeLines*, revista trimestrială pentru Bethany. M-am bucurat să citesc articolele care m-au inspirat. De multe ori, m-au învățat să mă raportez mai bine la părinții adoptivi și să îi înțeleg mai bine pe părinții biologici, precum și pe cei adoptați. De obicei îmi făceam timp să mă rog pentru "Copiii promisiunii", ale căror fotografii erau publicate într-o secțiune oarecare. Încă o dată Dumnezeu mi-a captat atenția și am observat că una dintre fotografii era chiar a copilului din visul meu! Părea atât de trist și singur. Scurta descriere oferea numele, orașul și data nașterii sale. Șoptind în tăcere o rugăciune, am știut că Dumnezeu îi va găsi părinți potriviți și m-am simțit privilegiată să fac parte din lucrarea Sa.

Fusesem deja martoră din linia întâi la zeci de minuni în drama adopției.

> *Dumnezeu vorbește însă când într-un fel, când într-altul, dar omul nu ia seama. El vorbește prin vise, prin vedenii de noapte, când oamenii sunt cufundați într-un somn adânc, când dorm în patul lor.*

—Iov 33:14–15

ÎN AȘTEPTARE.
TIROIDĂ

Mai târziu în acea primăvară, soțul meu, Ron a simțit un nodul mic la gât. După o serie de teste și o programare la dr. Alison (specialist ORL), s-a descoperit un cancer tiroidian. Ori de câte ori se vorbește despre cancer, fie că e vorba despre sănătatea ta, fie a unei persoane dragi, este cel puțin supărător. Întotdeauna sunt multe lucruri de procesat și acceptat. Dr. Alison ne-a asigurat spunându-ne: "Dacă este să ai cancer, acesta este tipul de cancer pe care să-l ai. E un tip de cancer pe care operația îl va îndepărta, nu va face metastaze, nu va recidiva."

M-am gândit: "Mă voi concentra pe soțul meu, pe sănătatea și nevoile lui. E clar că nu ne pregătește Dumnezeu pentru a fi părinți din nou." Cu toate acestea, citeam din 2 Împărați capitolul 20, unde Ezechia a cerut încă cincisprezece ani, pentru a-și putea crește fiul. Dumnezeu i-a ascultat rugăciunea.

Dr. Alison a sugerat să facem o biopsie pentru a determina tipul de cancer tiroidian despre care era vorba. Cum lui Ron nu îi plăceau spitalele (sau orice altceva care are de-a face cu îngrijirea medicală) a întrebat dacă nu ar putea să facă direct operația de extirpare, apoi să se determine tipul de cancer prin patologia tumorii. Chirurgul a fost de acord, așa că operația a fost programată peste o săptămână.

Ron a continuat să muncească în vara aceea. Recuperarea sa a decurs fără probleme, nu a fost nevoie de chimioterapie, astfel încât a putut să-și continue viața normal. Hormonii tiroidieni au fost relativ ușor de înlocuit cu tratamentul medicamentos pe care l-a urmat. La un control medical, Dr. Alison l-a asigurat că nu mai avea cancer și că se putea bucura de viață lungă și sănătoasă. În punctul acela, mi-am amintit că Dumnezeu a răspuns rugăciunii lui Ezechia de a-i mai da încă cincisprezece ani.

La începutul lui septembrie, Ron și cu mine mergeam cu mașina spre Platteville, Wisconsin, pentru a participa la înmormântarea bunicii sale. Foloseam adesea timpul din mașină pentru a discuta despre locurile noastre de muncă și alte lucruri. Îi povesteam despre o clientă de-a mea, una dintre mamele naturale. Această tânără avea un băiețel de șase ani pe care statul îl retrăgea din custodia ei. Avea un istoric de parteneri abuzivi care îl punea pe băiat în pericol. Asistentul ei social o încuraja să facă un plan de adopție pentru copil înainte să intervină statul și să ia toate deciziile fără contribuția ei.

"L-am putea adopta noi", s-a oferit Ron.

"Stai puțin, ce?"

"L-am putea adopta noi", a răspuns Ron.

Am simțit că era momentul potrivit să-l informez despre visul meu și poza din *Lifelines*, așa că i-am povestit.

"Acum eu sunt cel derutat; despre care dintre ei vorbești?"

"Despre amândoi", am spus, gândindu-mă în naivitatea mea că povestea băiețelului de șase ani ar fi de ajutor în prezentarea poveștii micuțului cu nevoi speciale.

"Bine, stai o clipă. Dacă aceste gânduri sunt de la Dumnezeu, atunci ar trebui să ne supunem. Dar dacă ne aruncăm într-un anga-jament de genul acesta doar împinși de sentimente, atunci s-ar putea să avem de-a face cu un Ismael". Făcea referire, desigur, la povestea biblică a lui Avraam și Sara care au luat-o înaintea lui Dumnezeu și și-au conceput propriul plan pentru a face un copil. "Dacă asta vine de la Dumnezeu", a continuat el, "nu mi-ar spune și mie?"

Avea sens, știind că Dumnezeu pregătește inima unei soții, dar apoi îl îndrumă pe soț să conducă.

"Dacă Dumnezeu chiar vrea ca noi să adoptăm unul dintre copii sau pe ambii, îmi va trimite o scrisoare", a spus Ron cu subiect și predicat.

Am convenit, ușurată. Din câte știu, Dumnezeu nu trimite scrisori nimănui. Am fost amândoi de acord că vom continua să ne rugăm pentru ambii băieți.

"Întoarce-te și spune lui Ezechia, căpetenia
poporului Meu: 'Așa vorbește Domnul Dumnezeul
tatălui tău, David: Ți-am auzit rugăciunea și ți–
am văzut lacrimile. Iată că te voi face sănătos…
voi mai adăuga cincisprezece ani la zilele tale."

—2 Împărați 20:5–6

SCRISOARE DE LA DUMNEZEU

Ron se concentra asupra condusului, și oricum nu era genul care să se roage cu voce tare. Nu aveam obiceiul de a ne ruga împreună, deci s-a înțeles de la sine că ne vom ruga individual, oridecâteori vom simți imboldul. Nici măcar nu am discutat. Eu am ales să aștept până aveam să primesc alte instrucțiuni de la Ron. Între timp, știam că Dumnezeu se ocupa să găsească o familie permanentă pentru acest copil.

Dumnezeu a răspuns rapid. Pe 21 septembrie 1997, Dumnezeu ne-a vorbit prin Cuvântul Său și prin pastorul nostru. Tim Haugen a predicat din 2 Samuel capitolul 9, îndemnând credincioșii să poarte de grijă unii altora, întrucât suntem cu toții parte din familia lui Dumnezeu. Iată pasajul care a fost printat în pliantul de o pagină al bisericii:

Bunătatea lui David față de Mefiboșet

David a zis: "A mai rămas cineva din casa lui Saul, ca să-i fac bine din pricina lui Ionatan?" Era un slujitor din casa lui Saul, numit Țiba, pe care l-au adus la David. Împăratul i-a zis: "Tu ești Țiba?" Și el a răspuns: "Robul tău, da!". Împăratul a zis: "Nu mai este nimeni din casa lui Saul, ca să mă port cu el cu o bunătate ca bunătatea lui Dumnezeu?" Și Țiba a răspuns împăratului: "Mai este un fiu al lui Ionatan, *olog de picioare.*"

Împăratul a zis: "Unde este?" Și Țiba a răspuns împăratului: "Este în casa lui Machir, fiul lui Amiel, din Lodebar. Și Mefiboșet, fiul lui Ionatan, fiul lui Saul, a venit la David, a căzut cu fața la pământ și s-a închinat. David a zis: "Mefiboșet!" Și el a răspuns: "Iată robul tău!" David i-a zis: "Nu te teme, căci vreau să-ți fac bine din pricina tatălui tău Ionatan. Îți voi da înapoi toate pământurile tatălui tău Saul, și vei mânca totdeauna la masa mea." El s-a închinat și a zis: "Cine este robul tău, ca să te uiți la un câine mort ca mine?"

Împăratul a chemat pe Țiba, slujbașul lui Saul, și i-a zis: "Dau fiului stăpânului tău tot ce era al lui Saul și tot ce avea toată casa lui. Tu să lucrezi pământurile pentru el, tu, fii tăi și robii tăi, și să strângi roadele, ca fiul stăpânului tău să aibă pâine de mâncare, și Mefiboșet, fiul stăpânului tău, va mânca totdeauna la masa mea." Și Țiba avea cincisprezece

fii şi douăzeci de robi. El a zis împăratului: "Robul tău va face tot ce porunceşte împăratul, domnul meu, robului său." Şi Mefiboşet a mâncat la masa lui David, ca unul din fiii împăratului. Mefiboşet avea un fiu mic, numit Mica, şi toţi cei ce locuiau în casa lui Ţiba erau robii lui Mefiboşet. Mefiboşet locuia în Ierusalim, căci mânca totdeauna la masa împăratului. *El era olog de amândouă picioarele.*"
— 2 Samuel 9:1-13 (emfaza îmi aparţine)

Pastorul Tim a explicat că Dumnezeu ne-a adoptat în familia Sa, iar noi, la rândul nostru, trebuie să "demonstrăm bunătate de dragul Tatălui nostru". A reamintit ascultătorilor că nu vom fi niciodată singuri, liniştind orice teamă pe care o aveam de a fi prea puţin pregătiţi sau "prea bătrâni" pentru a fi părinţi. Biserica, adică familia lui Dumnezeu, avea să fie acolo pentru a ne ajuta şi a ne sprijini. Analogia lui a fost următoarea: aşa cum David îşi onora loialitatea faţă de prietenul său Ionatan, întrucât aveau acelaşi Tată ceresc, tot aşa trebuie şi noi, credincioşii, să fim dispuşi să facem.

După biserică, Ron s-a întors spre mine cu o expresie uimită, întrebându-se dacă am vorbit cu pastorul despre visul meu, şi sugerând să vorbim cu pastorul. Am zăbovit în timp ce ceilalţi plecau, apoi Ron a cerut să vorbească cu Tim în privat. Am împărtăşit pastorului nostru pentru prima dată visul pe care îl avusesem. Apoi, Ron a povestit cererea sa de a primi o scrisoare de la Dumnezeu. Pastorul uimit a fost de acord că Dumnezeu ne vorbea într-adevăr. Înainte de a pleca din birou, ne-a condus într-o rugăciune de a ne preda în voia lui Dumnezeu.

Totuşi, Dumnezeu cunoştea capacitatea noastră de a neglija rapid directiva Sa. A trimis o altă scrisoare, în caz că aveam s-o facem. În drum de la biserică spre casă, am observat un afiş pentru un târg de vechituri la o școală care se închidea. Fiind neliniștită acasă, și gândindu-mă tot mai mult la posibilitatea că efectiv vom adopta acest copil, am decis să-mi iau puțin gândul de la asta și să mă duc la vânzarea de vechituri. Nu-mi doream nimic din s-ar fi putut găsi de vânzare la școală, dar eram curioasă să văd cum arăta interiorul acestei școli. Era un pretext bun pentru a explora școala James Otis pe lângă care treceam atât de des.

După ce am explorat repejor cele două săli de clasă și o bucătărie mică plină de obiecte școlărești—birouri, cărți și altele, m-am întors ca să plec. Chiar când eram pe punctul de a ieși din clădire m-am oprit să citesc un afiș înrămat lângă ușă. Afișul conținea poezia "Copilul Special al Cerului" de Edna Mae Massimilla.

"Copilul Special al Cerului"
de Edna Massimilla

O-ntâlnire avuse loc, departe tare de Pământ
Venise timpul ca un altul să fie născut.
Îngerii spuseră către Domnul din înalt—
Copilul acesta va trebui iubit mult.

Progresul său va fi unul lent,
S-ar putea să nu pară că are vreun talent.
Va avea nevoie de atenție sporită
De la cei ce-i întâlnește în lumea de acolo jos.

S-ar putea să nu alerge, ori să râdă, să se joace.
S-ar putea ca chiar și gândurile să îi fie ades' fugace.
De multe ori va fi etichetată
Diferită, neajutorată, handicapată.

S-avem, deci, grijă mare unde va fi menită.
Vrem ca viața ei să fie una împlinită.
Te rog, Doamne, dă-i Tu părinții-aceia care
Să facă pentru Tine o treabă specială tare

Ei nu vor realiza chiar de la început
De rolul special pe care li l-ai prevăzut.
Dar alături de copilul ce L-ai trimis de sus
Primesc și o credință tare și dragoste din belșug.[1]

Ok, gata! Am înțeles! Tată, voi face cum spui.

Am făcut câțiva pași în spate spre casier, și l-am întrebat, "Afișul acela e de vânzare?"

"Sigur, de ce nu? Cât vreți să oferiți pentru el?" a întrebat bărbatul care supraveghea vânzarea

"Zece dolari."

S-a ridicat să dea jos tabloul care fusese înșurubat în perete.

Când i l-am arătat lui Ron am fost amândoi șocați că Dumnezeu Și-a trimis scrisoarea atât de rapid—și nu una, ci două!

Venise momentul să obținem mai multe informații de la Bethany Christian Services.

Religia curată și neîntinată înaintea lui Dumnezeu,
Tatăl nostru, este să cercetăm pe orfani și pe văduve
în necazurile lor și să ne păzim neîntinați de lume.

—Iacov 1:27

DÂNDU-LE VESTEA
COPIIILOR NOȘTRI

uni dimineața la prima oră mi-am sunat șefa. Numele ei este Donna și era directorul centrului Bethany peste tot statul Wisconsin. Inițial a fost surprinsă de întrebările mele despre cei doi băieți, dar Donna a înțeles rapid. Nu eram primul angajat al BCS care se molipsea de microbul adopției.

"Totuși," a spus ea, "nu se poate să îl adoptați pe cel de șase ani. Având în vedere că mama lui este clienta ta, ar fi un conflict de interese."

"Am putea primi mai multe informații despre copilul român?" Îmi doream să aflu, chiar dacă nici măcar nu eram sigură cum i se pronunță numele.

Donna mi-a oferit datele de contact ale asistentului social specializat în adopții internaționale din Michigan, care se ocupa de adopțiile din România.

Avea să fie primul dintre multele apeluri și apoi email-uri pe care eu și Jayne urma să le avem de-a lungul următorului an și jumătate.

În cele opt-nouă săptămâni de așteptare pentru a primi informații, noi am avut multe conversații despre posibilitatea ca familia noastră să se mărească.

"Oare ar trebui să-i întrebăm pe părinții noștri ce părere au?"

"Păi, nu le-am cerut părerea când i-am avut pe primii doi."

"Corect."

"Dar poate ar trebui să îi anunțăm pe cei doi copii ai noștri la ce ne gândim."

"Da, desigur. După ce îi anunțăm pe ei putem să-i informăm și pe părinți."

Fiul nostru, Aaron, și logodnica sa, Jenny, erau în căutare de casă pe care să o cumpere, și ne-au invitat să îi însoțim. De pe bancheta din spate a mașinii l-am întrebat pe Aaron, "Îți mai amintești cum obișnuiai să ceri un frățior mai mic?"

"Da," răspunse în timp ce făcea un viraj.

"E prea târziu?"

Șocat, Aaron s-a întors spre mine. "Ești *însărcinată?*"

Râzând, Ron și cu mine ne-am dat în vileag planurile.

După ce și-au revenit de pe urma șocului, atât el cât și Jenny au declarat că nu li se pare de neconceput ce vrem să facem și că ne vor susține.

Mai târziu, după ce ne-am întors acasă, am sunat-o pe fiica noastră, Kara, din Seattle.

Adesea când o sunam eram nevoiți să lăsăm un mesaj vocal, din cauza diferenței de fus orar de două ore, așa că eram pregătită să spun, "Sună-ne când ești acasă și cu Todd." Spre surpriza noastră, însă, Kara a răspuns la telefon, și avea timp de vorbit, ceea ce era foarte neobișnuit. Asigurându-ne că este și Todd acasă, am cerut să vină și el la telefon. După o scurtă conversație despre mărunțișuri și noutăți, am zis "V-am sunat ca să vă dăm câteva vești."

Deja îmi era ușor să povestesc visul meu, o făcusem de atâtea ori până atunci. Le-a spus și Ron despre cum ceruse o scrisoare din partea lui Dumnezeu.

"Ok," a spus Kara încetișor.

"Apoi ne-am dus la biserică, și pastorul Tim a predicat din 2 Samuel, capitolul nouă."

"Despre Mefiboșet," zise Todd. "Chiar aseară vorbeam despre asta."

Haide, frate! Câți oameni vorbesc despre Mefiboșet? Mulți nici nu au auzit vreodată de el, și nu știu nici măcar cum să-i pronunțe numele. Doamne, Tu chiar ai simțul umorului!

Am mai discutat puțin și am avut surpriza să o auzim pe fiica noastră spunând, "Mereu am știut că într-o zi veți adopta un copil."

Voi cânta totdeauna îndurările Domnului: voi spune din neam în neam, cu gura mea, credincioșia Ta.

—Psalmul 89:1

BUNICI DIN NOU

Am ținut musai să le spunem părinților lui Ron și mamei mele cu prilejul următorului nostru drum în Platteville, unde locuiau ei. Mama lui Ron a fost încântată, susținea planul nostru, însă s-a îndoit de faptul că o vom și face. Fiind genul de persoană care vrea să facă mereu pe plac celor din jur, ne-a încurajat.

Tatăl lui, împreună cu soția sa, a spus că nu vede nici un motiv pentru care să nu continuăm procesul, însă ei ne-au avertizat despre câteva moduri în care totul s-ar putea duce de râpă. Luasem deja în calcul fiecare dintre acele lucruri; cu toate astea am apreciat francheţea conversaţiei. Era posibil ca Ron să nu fi luat în calcul unele aspecte, și n-am vrut să fiu eu cea negativistă. Cu siguranţă discuţia ne-a oferit multe de vorbit în drum spre casă.

Mama mea avea patruzeci de ani când m-am născut eu, și din acest motiv nu m-am așteptat să aibă reacția pe care a avut-o. "Ai înnebunit? De ce ai vrea să o iei de la capăt?"

Aveam un frate cu doi ani mai mic decât mine, alături de alți 3 frați mai mari. I-am reamintit mamei, "Tu aveai patruzeci și cinci de ani când a murit tata, și ne-ai crescut pe toți cinci singură. Nu crezi că eu și cu Ron am putea să creștem încă unul împreună?”

“Nu am avut de ales,” a spus ea răspicat. “Tu nu *trebuie* să faci asta, însă știu că o vei face.”

Am plecat, fără să ne simțim învingători, însă hotărâți să ascultăm de Dumnezeu. Dacă nu era să menit să fie, avea să închidă El ușile necesare. Însă noi știam că El dorea ca noi să fim dispuși.

Când va deschide el, nimeni nu va închide, și
când va închide el, nimeni nu va deschide.

—Isaia 22:22

MOȘTENIRE

Într-o zi, pe când munceam prin curte, o mașină a tras pe aleea noastră. Din acea mașină a ieșit Elmer Dixon, un bătrânel de statură mică, însă cu o inimă mare. Noi cumpărasem ferma unde locuiam în urmă cu două decenii de la Elmer și soția sa și mai scundă, Nellie. Elmer trecea adesea pe lângă casa noastră, dar se oprea doar dacă vedea pe cineva pe afară. Rememora cum plantase cu ani în urmă ulmii care acum erau înalți. Apoi a gesticulat înspre fermă. Știa că ne plecaseră copiii din casă, fiind mari acum, așa că a întrebat cum merge Dixon House Bed&Breakfast, afacerea pe care o aveam acum. Îmi spusese că și el cu Nellie și-au dorit dintotdeauna să facă așa ceva.

Elmer a rămas surprins când l-am anunțat că nu vom mai ține deschisă pensiunea prea mult timp.

"Oh, de ce?"

I-am povestit planurile noastre de a adopta un orfan din România. Apoi a venit rândul meu să rămân surprinsă.

"Am fost lăsat orfan în pragul ușii chiar aici, în 1920, când eram în vârstă de doisprezece ani", a rostit el blând.

A continuat să-mi istorisească cum fusese la orfelinat, și apoi ales de Francis și Emma Dixon, proprietarii acestei ferme de lapte. Crescuse acolo și moștenise ferma după aceștia au decedat. Se căsătorise cu Nellie Brown în 1951, amândoi trecuți de 40 de ani. Neavând copii cărora să le lase ferma, ne-au vândut-o nouă în 1980 când s-au pensionat și s-au mutat la oraș.

Înainte de moartea sa din 9 ianuarie 1997, Elmer a înființat câteva granturi pentru a oferi burse tinerilor ce urmau studii în domeniul lucrării creștine protestante sau cel al agriculturii. De asemenea, a creat un fond medical pentru copiii cu nevoi speciale, pentru proceduri ce nu erau acoperite de asigurare.

"Domnul cunoaște zilele oamenilor cinstiți
și moștenirea lor ține pe vecie."

—Psalmul 37:18

BOGĂȚIA SA ÎN SLAVĂ

Încetul cu încetul am primit tot mai multe informații din Michigan despre acest copil. Doctorul de la orfelinat a spus că, din punct de vedere medical, copilul nu avea probleme. Deficiențele membrelor sale nu erau cauzate de nimic din ce făcuse mama de-a lungul sarcinii.

Aveau un chestionar medical amănunțit, completat de către tatăl său. "Părinții erau căsătoriți și așteptau bucuroși primul lor copil. Mama a avut o alimentație și îngrijire prenatală bună. Nu a consumat alcool sau droguri în timpul sarcinii. Amândoi au fost șocați și îndurerați de starea lui la naștere."

Din punct de vedere al dezvoltării s-a observat că urmează parametrii pediatrici obișnuiți. I-au apărut dinții de lapte când trebuia, permițându-i să mănânce și să înceapă să formeze cuvinte. Nu a prezentat semne de probleme cu auzul sau vederea. A început să stea în șezut și să se târască în aceeași perioadă ca alți copii de vârsta lui. A fost raportat ca fiind un copil luminos și bucuros, cu un râs pofticios, îndrăgit de toți îngrijitorii. Când alți copii începeau să meargă, a început și Ionuț—în genunchi.

Pe măsură ce am aflat mai multe și am simțit că putem face față problemelor, am început procesul de adopție. Inițial a fost nevoie să solicităm o evaluare la domiciliu. Din cauza faptului că eram angajată la Bethany, nu a fost posibil ca organizația noastră să se ocupe de această parte. Așadar am contactat Serviciile Sociale Luterane [LSS] și am început hârțogăraia. Procesul nu doar că presupunea o adopție internațională (complicată în sine), ci și o adopție care implica mai multe agenții. Legile adopției în România erau încâlcite, și printre cerințe era și cea ca părinții adoptivi să se deplaseze acolo pentru înfățișări la tribunal înainte de a putea aduce copilul acasă.

Dacă aveți impresia că angajații primesc o reducere pentru serviciile adoptive, permiteți-mi să vă asigur că nu este cazul. Nu doar că am plătit taxele obișnuite de la Bethany, ci a trebui să plătim și o taxă de cerere plus evaluarea la domiciliu efectuate de LSS. Nu eram oameni chiar bogați, cu siguranță avea să fie nevoie să strângem cureaua în alte domenii și să avem încredere că Dumnezeu va purta de grijă pentru restul de bani pe care nu-i aveam. Mă gândeam:

"Tată, ale tale sunt vitele de pe miile de dealuri. Ești dispus să vinzi câteva ca să îl putem aduce acasă?"

Pe măsură ce finalizam câte un set din documentele solicitate, plăteam taxa aferentă, apoi treceam la următorul. Trebuia să furnizăm documentele originale: certificatele de naștere, certificatul de căsătorie, pașapoartele și o mulțime de alte documente. Deși Ron a crescut în sud-vestul statului Wisconsin, s-a născut în Dubuque, Iowa. Acest lucru a presupus să plătim taxe și să depunem o cerere în acel comitat pentru un certificat de naștere original. Când l-am primit, l-am adăugat în pachetul de documente care urma să fie trimis în Michigan drept "Dosarul" nostru.

Aveam să aflăm în curând că certificatul de naștere nu era bun. Deși avea pe el sigiliul de autenticitate al comitatului, ne trebuia unul din Des Moines, Iowa, care să poarte sigiliul statului, ceea ce ar fi însemnat încă o întârziere. După ce au ajuns în Michigan toate documentele au fost verificate înainte de a fi trimise la Washington, D.C. Acolo au avut un termen pentru revizuire de două săptămâni înainte de a fi trimise în România. Odată ajunse la București, trebuiau traduse pentru a fi trimise la Oficiul Român pentru Adopții, care avea să le verifice și să stabilească o dată de înfățișare la tribunal—cel puțin o lună mai târziu.

Terenul fermei era încă în proprietatea noastră, îl aveam închiriat unui alt fermier. De asemenea am închiriat grajdul unui tânăr care punea pe picioare o afacere mică cu vaci de lapte rasa Holstein. Aceste venituri nici măcar nu ne acopereau cheltuielile noastre cu ferma. Ron se angajase doar de doi sau trei ani, după ce ne-am vândut vacile. El era în curs de afirmare ca agent de vânzări în domeniul agricol și majoritatea veniturilor noastre proveneau din salariul de la acel loc de muncă. Am început să economisim ce câștigam din salariul meu modest de la Bethany, trăind frugal pentru a compensa cheltuielile de adopție.

Au venit fonduri și din locuri complet neașteptate, pe măsură ce înaintam cu actele. O dată, pe când lucram la calculele financiare, m-am simțit copleșită de toate cheltuielile și am mers să discut cu Ron. Nu înțelegea și nici nu accepta de ce "ATÂȚIA BANI!", și încă uitase de partea internațională de achitat, care era de 6.500 de dolari spre organizația românească, și s-a întrebat cu destul de multă mânie—pe *ăstia* de unde să-i mai scoatem? N-am considerat de folos să încerc să explic, să apăr motivele pentru taxa respectivă, și nici nu aveam de gând să mă frustrez și eu. Apoi, ceva ne-a întrerupt conversația, și nu am mai reluat-o. Am convenit să discutăm mai târziu. Dar înainte să se facă "mai târziu" a venit poșta. Prin corespondență venise și un cec în valoare de 6.100 dolari!

I-am mulțumit lui Dumnezeu, uimită:

*Tată, Tu chiar **ai vândut** o vacă!* Mi-a venit în minte Filipeni

4:19: "Dumnezeul meu să îngrijească de toate trebuințele voastre, după bogăția Sa, în slavă, în Isus Hristos."

Ne-a surprins și fratele meu mai mic cu un cec generos, la fel și câțiva prieteni apropiați. N-am fost nevoiți să ne împrumutăm sau să facem strângere de fonduri.

Pregătirile au presupus și scoaterea cazierului, și o vizită la Biroul de Imigrări și Cetățenie din Milwaukee pentru a ni se lua amprentele, întrucât așa se procedează în cazul adopțiilor internaționale. În timp ce ne aflam la biroul respectiv, așteptam alături de un cuplu în vârstă, Olga și Henri, care se aflau acolo pentru a finaliza procesul de dobândire a cetățeniei. Deși locuiau în SUA de aproape patruzeci de ani, deciseseră recent să devină cetățeni. Când au întrebat de motivul pentru care ne aflam noi acolo, am avut ocazia să împărtășim povestea visului meu și a planurilor noastre de a adopta. Au fost profund mișcați de faptul că Dumnezeu vorbește atât de personal cuiva.

A fost o plăcere să ajungem la momentul de a crea o broșură cu fotografii cu noi, familia și căminul nostru. Aceasta a fost apoi trimisă în România, unde Gabi, asistenta noastră socială româncă, urma să o ducă pentru a-i arăta lui Ionuț cine va fi noua lui familie. Am căutat prin albumele foto, și nu le-am selectat doar pe cele care ne includeau pe noi, ci și pe bunici, pe copiii noștri cei adulți, și ferma unde locuiam. Am decorat-o cu abțibilduri, și descrieri la poze, apoi am trimis-o ca să ajungă la orfelinat, unde Ionuț avea astfel să ne "cunoască".

Chiar de la începutul procesului de pregătire a dosarului ne-am interesat despre asigurarea de sănătate pentru Ionuț. Ron a sunat la departamentul de resurse umane (HR) de la locul lui de muncă să întrebe dacă ar acoperi și protezele necesare.

Directorul HR a citit toate documentele în amănunt și l-a asigurat că odată ce copilul avea să fie al nostru din punct de vedere legal, va fi considerat de asigurare la fel ca și unul care ar fi fost născut de noi, nu pierdea beneficii ale asigurării din cauza adopției. Ne ofereau protezele și echipamentul medical durabil, beneficiind de aceleași deduceri și co-plăți ca la orice alte îngrijiri medicale. A fost o mare ușurare să știm acest lucru, fapt care ne-a încurajat să muncim din greu la documentație.

Taci înaintea Domnului și nădăjduiește în El! Nu te mânia pe cel ce izbutește în umbletele lui..

—Psalmul 37:7

MÂNCARE, IARĂȘI MÂNCARE, ȘI DEZORDINE

După ce am avut toată documentația depusă și aprobată am avut de așteptat. Prietenii și rudele ne întrebau adesea dacă eram pregătiți—pregătiți pentru sosirea lui Ionuț. Eram oare gata să renunțăm la libertatea noastră, să avem munți de rufe de spălat, de jucării, de mâncare, iarăși mâncare, și dezordine? Eram eu, oare, gata să renunț la timpul meu de solitudine și să dau la schimb casa mea curată și organizată, și rutina mea, pe haos și dezordine? Aceste întrebări au venit din partea celor care erau înțelegători.

Alții ne-au spus tranșant că suntem nebuni, că ne căutăm singuri probleme, și așa mai departe. Au continuat să se împotrivească, să scoată în evidență încercările și necazurile ce stăteau înainte, scoteau în evidență "nebunia" noastră, ca și când noi sigur nu ne-am fi gândit la acestea. În determinarea lor de a ne descuraja nu s-au oprit deloc cu întrebările și îndoielile lor. "Cum rămâne cu cheltuielile pentru facultate?" Facultate? Glumiți? Nu este vorba despre facultate; este vorba despre ascultarea de Dumnezeu și despre a deveni o familie pentru acest orfan.

Ei sunt cei mai de compătimit, și cei pentru care trebuie să ne rugăm. Auzind vocea Lui, și ascultând de ea, am fost o amenințare serioasă pentru cei care își păzeau cu gelozie propriul confort și sentiment de control. Învățasem că legea lumii este autoprotejarea, în timp ce legea iubirii este sacrificiul de sine.

Totuși, problema pregătirii m-a motivat. Auzind adesea această întrebare, am încercat să mă mobilizez. Am vrut să pregătesc o cameră, ca orice proaspătă mămică pentru un bebeluș sau un copil adoptat. Zugrăveala, mochetarea, mobilarea camerei, cumpărăturile pentru îmbrăcăminte, jucării, scaun auto, toate au fost ieșirea din anxietățile mele.

La fel de important pentru mine era, însă, să ne pregătim inimile. M-am rugat ca atitudinile și resursele noastre să fie pregătite. Maria era o adolescentă, nepregătită din punct de vedere fizic pentru Isus, dar El totuși a venit. Ea a spus pur și simplu: "Iată-mă, facă-se după cuvântul Tău". Și L-a născut și L-a culcat într-o iesle, pentru că în casa de poposire nu era loc pentru ei.

Este atât de ușor să dai prea multă importanță *locului*. N-am vrut ca Ionuț să se simtă ca și cum era ultimul la care ne-am gândit, doar un accesoriu în căminul unui cuplu de vârstă mijlocie.

De asemenea, nu am vrut ca el să simtă că această casă ar fi fost mai bună sau mai rea decât cea actuală. Așadar, oare camera definește căminul? Sau părinții? Puteam să ne exprimăm dragostea și așteptarea pregătind un loc potrivit pentru un copil, dar am decis de asemenea să ne pregătim și inimile și resursele.

În casa Tatălui meu sunt multe locașuri.
Dacă n-ar fi așa, v-aș fi spus.
Eu Mă duc să vă pregătesc un loc.

— Ioan 14:2

TESTAREA ANGAJAMENTULUI

*Î*n timp ce atenția mea era asupra pregătirilor, cea a lui Ron era asupra nevoii evidente de a asigura pâinea pentru încă un membru al familiei.

La câteva săptămâni după ce compania la care lucra l-a asigurat că îl vor include pe Ionuț în asigurarea de sănătate oferită pentru familie, Ron a fost chemat în biroul conducătorilor companiei. I-au "recomandat cu căldură" să nu împovăreze pe ceilalți angajați cu nevoile sale de despăgubire din fondul colectiv al asigurării, și să-și plătească o asigurare privată. Au spus că nu îi pot promite păstrarea locului de muncă dacă s-ar fi produs o scădere în vânzări datorată cererilor de despăgubire din asigurarea de sănătate. S-a scuzat, și a plecat uluit de la întâlnire spre casă. Pe drumul lung spre casă s-a întrebat cum să procedeze în fața acestei amenințări, în mod evident ilegale. La fel ca și Iosif, tatăl adoptiv al lui Isus, simțea batjocura celor din jur, împreună cu povara responsabilității.

Neștiind ce altceva să facă, a ieșit din nou pe teren la muncă imediat a doua zi. La un moment dat a observat o reclamă afișată pe partea laterală a unui camion, când acesta a virat: Spitalul Shriner pentru Copii 1-800-237-5055. Imaginea arăta copii cu cârje și cărucioare cu rotile. Mesajul era, clar, un răspuns la rugăciune.

Și, ca să nu cumva să nu ne atragă atenția, și eu am văzut un camion asemănător cu aceeași imagine în aceeași zi. Când am povestit despre asta mai târziu, am înțeles că trebuia să aplicăm pentru nevoile speciale ale copilului printr-un program al spitalului de copii; nu doar că ne ofereau atenția medicală, fără să ne coste pe noi sau pe firma de asigurări de sănătate, ci avea să fie și cea mai bună îngrijire posibilă.

Ron și-a contactat angajatorul să-l asigure că nu va pretinde nimic mai mult decât ceea ce avea dreptul să pretindă. Am contactat și un protezist local, Marty Ryan, care ne-a asigurat că va oferi mentenanță pentru defecțiunile minore fără să ne ceară bani. El ne-a fost de mare ajutor ca sursă de informare și asistență specializată timp de mulți ani de-atunci încolo. Până în prezent rămâne omul de bază pentru picioarele lui Ionuț.

Încredințează-ți soarta în mâna Domnului,
încrede-te în El și El va lucra!

—Psalmul 37:5

INUNDAȚI DE BINECUVÂNTARE

Orfanii din România nu au nimic al lor. Există haine donate, de obicei la mâna a doua, care se împăturesc în teancuri sortate după mărime. Îngrijitoarele prost plătite îi îmbracă pe bebeluși și copii cu orice mărime le vine, fără a ține cont de modă, sau modele adecvate genului. Copiii sunt hrăniți pe cât de bine se poate, cu ce se găsește. Citisem articole și povești tulburătoare despre copii subnutriți, și subdezvoltați pentru vârsta lor.

Comunismul lăsase în întreaga cultură o tradiție a mitei. Unii directori de orfelinate încă aveau obiceiul de a primi șpagă pentru a oferi servicii mai bune sau mai rapide părinților adoptivi. Bethany, fiind o agenție creștină de adopții, interzicea cu desăvârșire această practică. Dacă o singură familie ar fi oferit ceea ce s-ar fi considerat un mic bacșiș peste taxele oficiale, s-ar fi creat un precedent, așteptarea ca și alții să facă la fel, și astfel corupția nu se oprește niciodată.

Aceste două realități antagonice ne-au pus în fața unei dileme.

Cum am putea adopta un singur copil, scoțându-l din sărăcie, fără să-i ajutăm și pe ceilalți din orfelinatul său? Nu am fi fost de acord să dăm mită nici dacă am fi avut suficiente resurse pentru asta, ceea ce nu era cazul. Toate taxele aveau să fie plătite în avans către agenție, care urma să le transfere direct către agenția din România. Nu era permis să existe vreun schimb de bani cât timp eram acolo.

Încrede-te în Domnul din toată inima ta
și nu te bizui pe înțelepciunea ta.

—PROVERBE 3:5

Cerând sfatul agenției, ni s-a sugerat că am putea aduce jucării sau articole de îmbrăcăminte, pentru a dona la orfelinat. Când i-am povestit unei prietene, ea a preluat această idee și a planificat un baby shower pe 22 septembrie 1998. Tratându-ne ca pe o familie care așteaptă nașterea primului copil, întreaga biserică a fost invitată să ne audă povestea, și să aducă un cadou pentru orfelinat. Au venit familii întregi, aducând o mulțime de rechizite și cadouri. Mulți au adus și haine pentru Ionuț, știind că va trebui să îl îmbrăcăm, și să îi oferim jucării, și multe altele. Salopetele au devenit imediat preferatele mele, pentru că se putea târî, fără să cadă de pe el. Neavând laba piciorului, care să împiedice să îi cadă cracul pantalonului, bretelele țineau salopeta pe loc în timp ce se deplasa. Am învățat rapid că ajută să cos pernițe pentru umeri în genunchi, și apoi să închid deschizătura piciorului.

Au venit și mulți care fuseseră impresionați de povestea adopției, chiar dacă nu ne cunoșteau personal; voiau să ne încurajeze și să ne binecuvânteze. După ce au auzit povestea noastră despre vis, scrisoarea și ascultarea, ne-au împărtășit poveștile lor. Alții au fost inspirați să se intereseze despre adopție, sau să ia și ei copii în plasament. Am fost plini de recunoștință față de toți acești oameni, care au vrut să ne binecuvânteze nu numai pe noi, ci și pe copilași pe care nu aveau să îi întâlnească niciodată.

*Domnul ocrotește pe cei străini,
sprijină pe orfan și pe văduvă.*

—Psalmul 146:9

SOSIREA LA BUCUREȘTI

Pe 20 noiembrie 1998 mi-am notat în jurnal: plecăm spre România la două săptămâni după nunta fiului nostru, și o zi după ziua mea de naștere, când voi împlini patruzeci și opt de ani. Ne părăsim cuibul nostru confortabil, dar gol, mergem spre locuri pe care nu le-am văzut niciodată ca să ne întoarcem două săptămâni mai târziu cu un copil mic, pe care încă nu l-am întâlnit. La fel cum o veveriță sare dintr-un copac într-altul, și chiar dacă ratează creanga pe care intenționa să aterizeze, nimerește alta, tot așa s-ar putea să ne imaginăm o destinație, sau un viitor anume, însă până când nu ne asumăm riscul de a pleca nu vom ști cu siguranță unde vom sfârși. Chiar dacă o ratăm pe cea pe care o urmăream—și descoperim că viața va fi mult mai diferită după aceea decât ne așteptam—știm că putem avea încredere în Dumnezeu să ne conducă exact acolo unde a plănuit să ajungem.

"Deși mulți nu vor înțelege, unii poate cred deja că suntem nebuni, suntem entuziasmați și bucuroși că mergem, în sfârșit, la fiul nostru, să-l revendicăm și să-l adoptăm, să fie al nostru. În duhul meu l-am auzit pe Isus spunând: 'Deși unii ar spune că EU sunt nebun pentru că vreau să adopt un păcătos ca și tine, cu tot trecutul tău, Eu am părăsit cerul ca s-o fac.'"

Ann Haugen ne-a luat de acasă la 11:30 dimineața ca să ne ducă la aeroportul Chicago O'Hare, deși eram de mult nerăbdători, și gata de plecare. Totuși, n-am vrut să ajungem prea devreme și să așteptăm în aeroport. Sprijinul calm și rugăciunile lui Ann au fost exact ce ne trebuia pentru a ne liniști emoțiile.

Zborul până în Zurich, Elveția a fost unul de șapte ore, fără incidente, la fel cum ar fi fost orice alt zbor intern. Am ajuns în Zurich pe 1 decembrie la ora 8:20 dimineața, fusul orar fiind cu 7 ore înainte. Aeroportul era foarte modern și curat, cu magazine și restaurante tipic europene. După ce am servit o cafea elvețiană tare, de care aveam mare nevoie, am așteptat la poarta de îmbarcare spre București. Peisajul arăta mult mai internațional acum. Călătorii și oamenii de afaceri zburau spre Geneva, Lagos (Nigeria) și Israel. Auzeam vorbindu-se engleză tot mai puțin în jur.

Am fost sfătuiți să călătorim cu Tarom, ca stewardesele să ne poată traduce nevoile fiului nostru la zborul de întoarcere. Ne-am îmbarcat alături de mulți români, după o așteptare de trei ore care păreau că nu mai trec. Am închis ochii și am adormit chiar înainte de a decola. M-a trezit stewardesa, care servea masa. Am luat mâncarea, și am apucat să iau doar câteva guri înainte să adorm la loc. Când m-am trezit, căpitanul de zbor anunța că urmează să aterizăm în București. Eram așa de obosită încât am pierdut orice entuziasm, și am avut impresia că am visat totul.

Odată ajunși la Aeroportul Internațional Henri Coandă, din Otopeni, am mers printr-un coridor foarte lung și călduros spre o zonă unde toată lumea aștepta la rând pentru controlul pașapoartelor. Încăperea imensă era slab luminată, având un singur bec în tavan. Pereții și podeaua erau din beton turnat, fără vreun scaun sau vreo bancă pentru călători—foarte, foarte diferit de aeroportul din Zurich.

Ron era îmbrăcat cu niște pantaloni kaki și o haină verde iar eu în blugi, cu o haină roșie, și arătam destul de evident a americani, mai ales când vorbeam unul cu celălalt. Toată lumea din jurul nostru purta haine gri și negre. Un bărbat prietenos din spatele nostru părea român, dar purta o jachetă roșie, și făcea remarci în engleză din când în când.

După ce am trecut prin vamă și ne-am ridicat bagajele, am fost întâmpinați de Dragoș, care ținea o pancartă pe care scria: "IONUȚ". Agenția Bethany aranjase să fim întâmpinați de acest tânăr amabil care vorbea engleză, și să ne ducă la apartamentul unde aveam să ne odihnim puțin, înainte de a lua trenul spre Iași. Ne-a explicat lucruri, și ne-a fost de mare ajutor să ne ferească de băieții care așteptau în gară americani, ca noi, pe care să-i ajute cu bagajele, ca să primească bani. Dragoș ne-a explicat că dacă îi lăsăm să ne ajute, s-ar putea să ne fure, când am fi scos portofelul ca să le dăm câțiva dolari.

Pe drum am văzut centrul orașului, ambasada Rusiei, Arcul de Triumf, și mai multe bănci și clădiri de stat. Și cum ai putea rata clădirea masivă din piatră, întinsă pe câțiva kilometri, construită de Ceaușescu pentru a se lăuda? Dragoș, și localnicii, erau dezgustați de existența sa, ironizând sărăcia poporului, în timp ce această clădire își etala opulența și suprafața.

Gazdele noastre, Janeta și Florin, locuiau la o stradă depărtare, într-un apartament frumos și spațios. Janeta era frumoasă și prietenoasă, de vârstă mijlocie, lucra ca asistentă, și nu vorbea engleză. Florin, radiolog de meserie, de asemenea nu vorbea engleză. Am fost asigurați, totuși, că fiul lor, Alin, care era medic, vorbea engleză fluent, și urma să se întoarcă acasă în curând. La scurt timp a și sosit Alin, și am servit cina împreună. Masa era aranjată elegant, iar mâncarea a fost pui la cuptor, cartofi prăjiți, gogoșari în oțet, pâine, și un desert divin - cremă de zahăr ars cu sos caramel.

Janeta a fost cea mai tare! A fost o gazdă foarte amabilă și s-a bucurat să afle că și eu eram asistentă medicală. Fuseseră informați despre copilul pe care îl adoptam, iar fundația Bethany i-a ales să ne fie gazde la sosire, și mai târziu, când aveam să plecăm cu copilul nostru. Janeta lucra cu fizioterapeuți, iar specializarea lui Alin era recuperarea. Au fost încântați să vadă pozele cu Ionuț, iar ea m-a îmbrățișat strâns ca să îmi arate că îi place de noi. Iubirea nu are nevoie să se vorbească aceeași limbă. Faptul că aveam să fim cu un medic și o asistentă la întoarcerea în București, înainte să plecăm spre casă, l-a liniștit psihic foarte mult pe Ron.

> *Iacov și-a văzut de drum și l-au*
> *întâlnit îngerii lui Dumnezeu.*

—Geneza 32:1

CU TRENUL SPRE IAȘI

După ce ne-am odihnit, pe 1 decembrie 1998, Janeta ne-a trezit să ne mai servească cu niște cremă de zahăr ars. Apoi am luat taxiul până la gară. Alin a fost amabil și a mers cu noi, ca să ne îndrume spre peronul potrivit, și vagonul de cușetă. Fusesem sfătuiți să luăm un tren de noapte, pentru a ne putea întinde și dormi în cele șase ore de drum spre Iași.

Luminițele de Crăciun din oraș erau frumoase, iar ninsoarea m-a făcut să mă gândesc la filmul Dr. Jivago. Acea călătorie cu trenul a fost ca și cum ne-am fi întors în timp cu cel puțin patru decenii. Am fost preveniți să ne îmbrăcăm gros, "nu va fi prea cald în tren, dacă va fi căldură". Nu după multă vreme, Ron a adormit în patul de jos. Drumul meu până la baie a fost următorul simbol al trecutului. Ceea ce se dorea a fi toaleta, era fără instalații sanitare, doar o gaură în podea, prin care vedeai șinele de dedesubt.

Pe bune? În timp ce trenul mă leagănă?

Aveam șervețele în buzunar, însă toate astea se petreceau înainte de apariția dezinfectantelor de mâini.

Ajunsă înapoi în compartiment, m-am suit în patul suprapus și am început să scriu în jurnal, în timp ce țineam și o lanternă. Întâi am dat jos haina, apoi am scos un pulover, și tot era foarte cald în compartimentul nostru înghesuit. Conștientizându-mi văicărelile mute, am auzit o voce blândă care mi-a spus:

Eu am părăsit cerul, venind în lumea decăzută timp de treizeci și trei de ani, ca să te mântuiesc pe tine, și pe ceilalți păcătoși. Ție îți cer să-ți părăsești confortul doar pentru două săptămâni, ca să salvezi un copilaș.

Atât mi-a trebuit ca să pun capăt atitudinii mele smiorcăite până la finalul călătoriei.

Pe drum, somnul m-a ocolit pe mine, în timp ce Ron dormea fără probleme în patul de jos. Torsul liniștit, și sforăitul pe ici pe colo, confirmau că doarme dus. Pe la cinci dimineața trenul s-a oprit, și nu se mișca, așa că, îngrijorată fiind, l-am trezit. Mă temeam că am ratat stația la care să coborâm, și ne întorceam la București, dar trenul a început să se miște din nou. Părea că se deplasează în direcția din care am venit. Ron s-a dus să întrebe pe controlor, care a râs, și ne-a asigurat că ne va anunța din timp când ne apropiem de Iași.

Se pare că era una dintre acele stații unde șinele sunt așezate în Y, și ne opriserăm înainte de bifurcație. Ultimul vagon a fost înlocuit cu o locomotivă, care acum trăgea iarăși trenul înspre nordul țării. O oră mai târziu, controlorul s-a prezentat la compartimentul nostru să ne anunțe că urmează să ajungem.

Așa cum am stabilit, asistenta noastră socială, Gabi, ne aștepta pe peron când trenul a ajuns în gara din Iași, la șase și jumătate. Soțul ei, Daniel, ne-a dus cu Dacia lui cea veche la apartamentul lor, ca să tragem un pui de somn, și să servim micul dejun. Eram nerăbdători să mergem la orfelinat, dar de asemenea eram obosiți și flămânzi, așa că ne-a prins bine răgazul.

*Dar când a venit împlinirea vremii, Dumnezeu
a trimis pe Fiul Său, născut din femeie, născut
sub Lege, ca să răscumpere pe cei ce erau sub
Lege, pentru ca să căpătăm înfierea.*

—Galateni 4:4–5

ÎN SFÂRȘIT LA IAȘI

Miercuri, 2 Decembrie 1998

A fost un frig năprasnic în acea săptămână din Decembrie. Gabi și Daniel locuiau într-un apartament cu o cameră, dintr-unul din blocurile de beton construite în perioada comunistă. Nu se aflau în apropiere de centrala termică a orașului, așa că era frig tot timpul. Ne-au explicat mai târziu cum căldura era produsă de boilere uriașe aflate în zonele centrale. Aerul încălzit era suflat prin conducte enorme către alte clădiri, aflate la câteva străzi distanță. *Așa se explică de ce era atât de cald acasă la Janeta și Florin, chiar și cu ferestrele deschise adesea. Locuiau chiar lângă centrala termică.*

Am avut parte de ospitalitate deosebită. Daniel și Gabi au dormit pe canapeaua extensibilă din sufragerie, ca noi să putem avea patul, și intimitatea dormitorului lor. Mesele le-am servit în sufrageria înghesuită. Nu mi s-a dat voie să ajut în bucătărie, oricum nu era spațiu decât pentru o singură persoană acolo.

Ninsese mult, iar zăpada era adunată peste tot, în grămezi

murdare. Străzile erau pline de zăpadă murdară aruncată grosier, nu erau curățate la standardul pe care îl avem în America. În acest oraș mare oamenii mergeau pe jos, li se părea mai ușor decât să conducă în acele condiții.

Spre sfârșitul dimineții am fost duși la Orfelinatul Sfânta Parascheva, pentru a-l întâlni, în sfârșit, pe Ionuț. Spre deosebire de instituțiile oribile pe care le văzusem într-un reportaj al emisiunii 60 Minutes, aceasta era o clădire clasică, mare, curată, bine întreținută și iluminată. Gabi ne-a explicat mai târziu că majoritatea sunt ca cele pe care le văzusem la televizor. Aceasta însă, era cea unde guvernul permitea americanilor să intre.

În loc să mergem direct spre zona unde era Ionuț, ne-au condus spre o sală mare de ședințe, unde erau așezați directorul, un alt asistent social, medicul și alții. Imediat, unul dintre îngrijitori a adus un copilaș mic și blond, și ni l-a prezentat.

Ionut era pe atât de simpatic pe cât îl văzusem în poze, ba chiar și mai drăgălaș în realitate. Avea o față extraordinar de fericită, care chicotea din orice. M-am îndrăgostit instantaneu, iar inima și ochii mi s-au umplut de lacrimi de fericire. Părea că ne recunoaște din pozele care i-au fost trimise la orfelinat. Era puțin timid de fel, și era mai atent la îngrijitorii lui, pentru că ei vorbeau limba sa natală. După ce ne-am jucat puțin, am chicotit, am râs, și am fost conduși spre ieșire. Vizita a fost scurtă, dar Gabi ne-a asigurat că ne vom întoarce în aceeași zi, mai târziu.

Numai purtați-vă într-un chip vrednic
de Evanghelia lui Hristos

—Filipeni 1:27

NOAPTE BUNĂ
LA LUNĂ

Având ceva experiență în domeniul adopțiilor, exista un lucru care mă îngrijora. Multor orfani le vine foarte greu să aibă încredere în adulți, din cauza lipsei mediului cald, și a atenției dedicate. Primesc atât de puține reacții la nevoile lor încât dezvoltă sisteme de autoconsolare, sau, pur și simplu, se închid în ei înșiși. Adesea orfanii sunt excesiv de afectuoși față de adulți, într-un mod fals, manipulându-i pentru a le împlini nevoile, în timp ce se rețin să ofere încredere autentică. Alții rămân detașați în mod vizibil, incapabili de a se conecta emoțional cu alții. Cei care primesc cea mai puțină atenție prezintă cel mai mare risc pentru tulburări severe de atașament, împiedicându-i să se conecteze cu noii părinți.

Cum va fi pentru Ionuț? Oare va avea încredere în noi? Oare vor exista comportamente extrem de dificile?

După încă un pui de somn și încă o porție din mâncarea delicioasă a lui Gabi, Daniel ne-a dus pe toți înapoi pentru o vizită în acea după-amiază. De data aceasta, am intrat în încăperea unde erau erau așezați el, și mulți alți copii mici, la măsuțe mici, pentru masa de seară. Am fost încurajată să îl hrănesc - un amestec de ou și mămăligă. *Are aproape patru ani; de ce nu mănâncă singur? Și de ce se află în acest grup de copii care par a avea un an jumătate-doi?*

După ce a terminat de mâncat, ne-a arătat camera unde dormeau băieții. Erau aliniate rânduri de pătuțuri mici și albe, cu lenjerie curată. Ferestrele aveau perdele frumoase, cu modele de copii. Doi sau trei băieței stăteau pe oliță (fiecare pătuț avea una dedesubt), iar alții se jucau. Ron și Ionuț se jucau cu o jucărie mică pe care o adusesem noi, când, deodată, luminile s-au stins.

Lui Ionuț îi era frică de întuneric, și țipa, și se agățase de mine, așa că l-am luat în brațe și l-am liniștit. Din fericire, toți îngrijitorii erau ocupați alergând să găsească lumânări, și încercând să-i liniștească pe ceilalți micuți care țipau, așa că nimeni nu s-a grăbit să mi-l ia din brațe. M-am îndreptat ușor spre o fereastră, unde strălucea luna plină, și i-am cântat să-l liniștesc.

Când a venit lumina înapoi, Ron avea două sau trei fetițe agățate de el. O fetiță, Maria, l-a îndrăgit în mod special. Înaintea călătoriei, mă pregătisem emoțional să mă concentrez doar asupra copilului nostru, astfel încât să nu mi se frângă inima că-i las pe ceilalți acolo. I-am mulțumit lui Dumnezeu încetișor pentru modul Său unic în care ne–a oferit aceste momente de conectare.

Gabi mi-a explicat ulterior că handicapul lui Ionuț a fost una din modalitățile prin care Dumnezeu i-a asigurat capacitatea de a crea legături emoționale. Neavând picioare, a avut nevoie să fie purtat în brațe, ca un bebeluș, mult mai mult decât ceilalți copii. Mi-a explicat, de asemenea, că bebelușii cu dizabilități au unul din două efecte asupra îngrijitorilor săi. Unii adulți sunt superstițioși și îi evită pe micuții cu dificultăți. În cazul lui, acestora li s-a părut dulce și simpatic, așa că fusese destul de răsfățat.

Mulțumesc, Tată scump. Prefer să îl am răsfățat dar capabil să se atașeze emoțional, decât rece și non emoțional.

Când s-au reaprins luminile am preluat îngrijirea lui. După ce ne-am jucat puțin l-am pregătit pentru culcare. A fost un moment prețios de apropiere pentru noi trei, el chicotea și aduna jucăriile mici și moi pe care le aruncam. Curând, însă, am fost poftiți afară. Din păcate, a trebuit să-l lăsăm pe Ionuț acolo încă puțin, cât am rezolvat cu actele în următoarele zile, sub îndrumarea lui Gabi.

Ori din cauza schimbării de fus orar, ori din cauza emoțiilor, somnul iarăși m-a ocolit, odată ajunsă în apartamentul lui Gabi. Aveam nevoie să procesez cele ce se întâmplaseră. Când îți întâlnești copilul pentru prima dată, iar acel copil are aproape patru ani, te întrebi prin ce o fi trecut. Te întrebi cum a fost îngrijit. Te întrebi dacă va fi dornic să plece, sau dacă ar prefera să rămână acolo în mediul deja familiar? De asemenea, te întrebi cum vei reuși, oare, să întocmești toate documentele legale la timp ca să vă puteți îmbarca cu toții într-un avion pentru a vă întoarce în Wisconsin.

Când privesc cerurile—lucrarea mâinilor Tale—luna și stelele pe care le-ai făcut, îmi zic: Ce este omul, ca să te gândești la el? Și fiul omului, ca să-l bagi în seamă?

—Psalmul 8:3–4

ZIUA CÂND L-AM LUAT

abi ne programase ultima înfățișare la tribunal pe 4 decembrie 1998. Înainte să ne putem prezenta, aveam de completat formulare, de tradus documente, și făcut copii. Dimineața devreme ne-a îndrumat către biroul corespunzător, pentru a finaliza următorul pas. Aerul era extrem de rece—"frig"—cum spuneau localnicii, iar pe străzi era fleșcăială și noroi. Deszăpezirea nu era o prioritate pentru oraș, iar șoferii erau nevoiți să se descurce cum puteau, derapând, și învârtindu-se pe zăpada tasată și gheața care se acumulase, odată cu pământ și mizerie. Am înțeles mai târziu de ce românii se îmbrăcau cu haine închise la culoare, și purtau trei sau patru straturi. Drumurile erau mai ușor de realizat pe jos decât cu mașina.

Trebuia să mergem la birouri de stat să semnăm hotărârile judecătorești, și să facem schimbarea certificatului de naștere. Noul certificat de naștere urma să ne declare mama și tatăl lui. Am aflat mai târziu că era un "act de naștere". *Ciudat*, m-am gândit. Cum se poate ca reformularea și schimbarea numelor pe o hârtie să schimbe datele nașterii?

Fiecare document oficial trebuia dus la dactilografiat și copiat. Din cauză că organizația Bethany nu avea un birou propriu, hârtiile au trebuit duse la un birou micuț, care exista doar cu scopul dactilografierii și al copierii. Era un ghișeu mic, la parter de bloc, cu o ușă și ferestre care nu se închideau bine. Cele două dactilografe lucrau la mașini manuale de scris, Smith Corona, vechi de ani de zile. Mașinile vechi de xerox erau meșterite, astfel încât să mai funcționeze zece, douăzeci de ani. Noi aduceam hârtiile, Gabi le explica doamnelor îmbrăcate cu paltoane și mănuși, în spațiul lor neîncălzit, ce aveam nevoie, apoi ne întorceam mai târziu să le ridicăm.

Între timp, am explorat câteva clădiri istorice foarte îmbătrânite de zile, cum ar fi Tribunalul, Opera Națională și Catedrala Ortodoxă. Gabi ne-a dus în interiorul Catedralei Sfânta Parascheva. Oameni stăteau la rând într-o parte a încăperii care avea o zonă parțial închisă. Preotul îi trimitea să intre unul câte unul. Am întrebat despre această imagine neobișnuită, la mijloc de săptămână, iar Gabi ne-a explicat. "Sunt foarte superstițioși. Ei cred că dacă ating moaștele Sfintei Parascheva, care se află acolo, vor avea noroc sau vindecare pentru cei din familie". Locul avea un miros îmbâcsit de tămâie, și dădea o senzație înfiorătoare. M-am bucurat să ies din nou la aer, și m-am rugat ca Dumnezeu să se reveleze acelor oameni pe Sine, și adevărul Său.

Ne-am întors să ne luăm documentele, apoi am pornit spre tribunal. Am fost chemați, împreună cu Gabi, într-o sală de judecată frumoasă; ea a prezentat actele noastre doamnei judecător, care era foarte drăguță, și purta palton și căciulă de blană. După ce le-a citit, s-a uitat la noi, și ne-a mulțumit pentru angajamentul de a adopta acest băiețel; ne-a dat binecuvântarea ei, împreună cu ștampila oficială pe documentele necesare.

Daniel ne-a dus înapoi la orfelinat unde, cu actele în mână, ne-am întâlnit cu directorul. De asemenea, am lăsat și celelalte haine și jucării pe care le adusesem pentru copii. Apoi ne-a condus unde se afla Ionuț. Mi se spusese să aduc un calmant, pentru a-l ajuta să se relaxeze înainte de aventura cea nouă și înspăimântătoare. După ce i l-am administrat, l-am îmbrăcat în hainele pe care i le-am adus. Ne-am jucat cu el cam treizeci de minute, apoi ni s-a spus să plecăm. Toți voiau să-și ia rămas bun, și să-l îmbrățișeze, dar el a început să plângă tare, pentru că a simțit că de data aceasta despărțirea era pe bune, așa că am fost scoși în grabă pe ușă, cu copilul nostru urlând panicat.

Mașina lui Daniel, la fel ca multe altele, era o Dacia veche fabricată local. Încălzirea nu funcționa bine, dar radioul și casetofonul da. Am fost recunoscători pentru asta, deoarece singurul lucru ce l-a liniștit pe băiețelul nostru speriat a fost să ascultăm caseta lui Daniel cu ABBA, Gold. Ionuț nu ieșise niciodată din orfelinat, și era îngrozit să călătorească cu mașina cu adulți noi. Scaunele de mașină pentru copii nu erau obligatorii, și deci nici nu se găseau. Singura variantă a fost să-l ținem în brațe în mașină. Am cântat cu toții împreună cu ABBA și s-a alăturat și el imediat muzicii.

Înapoi ajunși la apartamentul lui Gabi și Daniel, ea i-a făcut turul băiețelului nostru, și i-a spus să fie cuminte. I-a explicat că va dormi cu noi acolo câteva nopți, apoi va călători cu noi în America, pentru a-și începe viața într-o familie permanentă. Curiozitatea și entuziasmul lui ne-au dat energie tuturor, după acea zi extrem de lungă.

Gabi ne-a pus la masă, iar ea și Daniel au mâncat pe canapea. Avea întotdeauna gata făcut ceva delicios de mâncare, doar cât să încălzească pentru noi. Înainte să venim noi, mama ei venise și pregătise mai multă mâncare, pe care o înghețase. M-am oferit să ajut la spălat vasele, dar ea a insistat să petrec timp cu Ionuț. Cum am zis, în bucătărie oricum nu era loc decât pentru o singură persoană.

Prima noapte a fost agitată, noi n-am dormit deloc. Ionuț era epuizat, și a adormit fără probleme, dar s-a trezit după numai câteva ore, plângând și legănându-se. Probabil îi era dor de casă, era de neconsolat. L-am lăsat să se joace puțin cu lanterna, și a mai dormit o oră sau două. Când s-a trezit din nou, avea nevoie să fie spălat și schimbat, și am renunțat la speranța de a mai dormi.

Dumnezeu dă o familie celor părăsiți.

—Psalmul 68:6

VIZITAREA

*D*intre cei implicați în povestea cu adopția, câțiva ne-au sfătuit să ne rezervăm timp să explorăm orașul unde s-a născut copilul nostru. Nu se știe dacă te vei mai întoarce vreodată. Dacă aceasta e singura vizită, e bine să afli tot ce poți despre zonă și cultură. Ani mai târziu, când copilul îți va pune întrebări, veți putea să-i descrii contextul originilor sale. De asemenea, vă va ajuta și pe voi să-i înțelegeți mai bine rădăcinile.

Avându-i pe Gabi și Daniel drept ghizi turistici, am ținut cont de acest sfat. Am făcut cumpărături în piețele mici pentru nevoi uzuale, cum ar fi izmene pentru Ron, căruia îi era frig oriunde, dar mai ales afară. Am luat și scutece. Fusesem informați că Ionuț nu era învățat să meargă la oliță, ori din cauza schimbărilor bruște atât de mari, a regresat într-o stare anterioară de dezvoltare.

Cumpărăturile pentru suveniruri au fost deosebit de interesante. Dantelele, broderiile și ceramicele frumoase arătau măiestria locală. Iașiul fusese un oraș superb înainte de comunism, și era în curs de revenire. Întâlneai mai des scări și coloane din marmură decât din beton. Arhitectura Operei, a Tribunalului, a Bibliotecii, a Catedralei și a altor clădiri era clasică și din "lumea veche". Am văzut doar din exterior spitalul în care s-a născut Ionuț. El era uimit de toate priveliștile, sunetele și gusturile. Interiorul orfelinatului fusese singura lui lume până atunci.

Parcul central, cu statuia Sfântului Gheorghe era numai bun pentru o plimbare în aer liber pentru familii și tineri îndrăgostiți. Cineva făcuse un om de zăpadă, ceea ce a fost foarte amuzant de văzut pentru Ionuț. Am folosit un cărucior cu landou pentru a-l transporta pe Ionuț, deoarece era prea greu să-l fi putut căra în brațe peste tot. Acoperit cu haina de pe el, și o pătură în jurul lui, privirile și judecata celor din jur s-au limitat la ideea că ar fi fost prea frig să ții un copil afară.

În apropiere se afla o grădină botanică minunată, unde ne-am dezghețat, bucurându-ne de plantele frumoase dinăuntrul serelor încălzite. Ionuț a fost încântat să arunce monede în heleșteul cu peștișori aurii. Ne-am bucurat împreună de un desert superb, înainte de a ne aventura din nou în frig.

La un moment dat, am avut nevoie de o toaletă. Gabi a fost foarte reticentă în mă lăsa să folosesc vreuna. Ne-a dus trei străzi până la un spital, și am intrat. Mă gândeam că vom găsi o toaletă pentru vizitatori la primul etaj, însă am fost condusă pe scara de beton. Un doctor a încercat să ne oprească, dar Gabi i-a explicat în română că eram americani și că aveam nevoie de toalete *curate*. Mi-a arătat unde se aflau, și am văzut o doctoriță ieșind și ștergându-și mâinile ude de halat. Separeurile nu aveau uși, și nu era nici săpun la chiuvetă. Deși nu existau șervețele, sau uscătoare de mâini, aveau hârtie igienică. Mai târziu, Gabi mi-a explicat că măcar acele toalete aveau wc-uri. M-am gândit, *Dacă acestea sunt cele mai bune pe care le-a putut găsi pentru noi, chiar n-aș fi vrut să văd pe cele pe care le-am ocolit.*

Apoi ne-am oprit la o cafenea să servim pizza și niște bere, râzând copios de faza de mai devreme și încercând să ne amintim momentele importante ale zilei. Mersul cu Dacia lui Daniel devenise o aventură de care Ionuț se bucura, cântând alături de Celine Dion și Abba Gold. Întorși la apartamentul lor, am ascultat muzică românească de Crăciun.

Înainte să adorm, mă gândeam că era a doua duminică din advent. M-am dat seama că urma să intrăm într-un nou sezon de Crăciun cu un copil. În acea noapte am dormit un pic mai bine cu toții.

Și Maria a zis: "Sufletul meu mărește pe Domnul."

—Luca 1:46

ÎNAPOI LA BUCUREȘTI

ram jos din pat înainte să se facă 4:30 dimineața, și la mașina lui Daniel până la 5:15 croindu-ne drum până la gară, prin zăpada cenușie și murdară. Din păcate, venise timpul să ne luăm rămas bun de la Gabi și Daniel, care făcuseră atât de multe pentru noi.

Trenul acesta, care pleca fix la ora 6 dimineața, era un tren modern, nu semăna deloc cu cel cu care am călătorit spre Iași, în noaptea de 1 decembrie. Am ocupat un compartiment curat cu șase locuri—doar pentru noi trei și un om de afaceri român. Deși a fost o călătorie lungă, de șase ore, stăteam confortabil, iar Gabi ne dăduse sandvișuri și apă la drum pentru a ne "păstra energia". Ionuț nu ne dădea voie să-i scoatem căciula și haina, nici măcar nu voia să se dea jos din poala mea cât să mi-o scot eu pe a mea. În compartiment era atât de cald încât am început să mă întreb dacă nu cumva voi leșina de căldură. Ionuț nu permitea să ne scoatem nici măcar o mănușă.

Mickey, asistenta socială de la Bethany, ne aștepta pe peron în București și era chiar la ușă când am coborât din tren. Ea și Florin ne-au ajutat cu bagajele până la mașina lui. Ne-au dus cu mașina la apartamentul său și al Janetei. Eram atât de obosită, și îmi fusese atât de cald, încât abia puteam gândi. În timp ce treceam pe lângă Casa Poporului ne-au arătat palatul lui Ceaușescu, dictatorul care fusese executat. Se îndindea pe câteva străzi, iar apartamentul Janetei avea vedere la el. Ajunși acolo, Mickey a vrut să mai treacă prin acte, așa că Tata s-a ocupat de asta, iar eu mi-am scos, în sfârșit, haina, și m-am întins.

După un pui de somn, am avut parte de o cină delicioasă, pregătită de Florin. *Oare toți românii gătesc așa de bine?* m-am întrebat. Cine ar fi crezut că supa, cartofii și cotletele de porc pot avea un gust și un miros atât de bun? Apartamentul Janetei și al lui Florin era aproape de centrală, așa că adesea țineau ferestrele deschise pentru a scoate excesul de căldură. Locuința lor era foarte elegantă și spațioasă—mobilată cu vitrine, și mobilier frumos sculptate, abundență de plante verzi iar pe masă trandafiri galbeni, față de masă elegantă și veselă din porțelan.

Refăcut după somn, Ionuț era energic și, bineînțeles, era în centrul atenției. Explora lucruri noi. Lumina aprinsă, lumina stinsă. Era înnebunit după pisica lor, Buțu. Alerga după pisoi în mâini și genunchi, chicotind și încercând să-l facă să alerge după mașinuța Hot Wheels, ceea ce l-a bucurat pe Buțu. Deși nu vorbeam limba română, iar ei nu vorbeau engleză, nu a contat, pentru că râsul este un limbaj universal. Mulți ani mai târziu, în Wisconsin, ne-am luat un pisoi și l-am numit Buțu ca să ne amintim de acele vremuri frumoase.

Janeta l-a sunat pe fiul său, Alin, care vorbea engleză. I-am pus telefonul la ureche lui Ionuț, și a rămas nedumerit. Îl căuta pe Alin, îi auzea vocea dar nu îi vedea fața. Era prima lui experiență la telefon, îl numea *alo*, fiindcă toată lumea spunea alo când îl punea la ureche.

Toate își au vremea lor și fiecare lucru
de sub ceruri își are ceasul lui.

—Eclesiastul 3:1

FĂPTURĂ MINUNATĂ

După ce am servit un mic dejun copios pregătit de Alin, Florin ne-a dus cu micuța lui Dacie albă la un control medical pentru Ionuț. Copiii adoptați au nevoie de o adeverință cum că nu suferă de boli transmisibile, înainte de a intra în Statele Unite.

Prima încăpere în care am intrat era curată, în principiu, însă slăbuț echipată ca pentru biroul unui doctor. Mobilată modest, cuprindea o masă goală, câteva scaune și un calorifer mic. Cineva a spus că nu ne aflam unde trebuie, și am fost trimiși la un spital din apropiere.

În sala de examinare în care am intrat am observat pătuțul cu lenjerie curată, jucării și multe materiale medicale. O doctoriță blondă și două asistente medicale au sosit pentru a-l examina pe Ionuț, confirmând că, de data aceasta, ne aflam în locul potrivit. Doctorița a fost tare de răbdătoare, și s-a înțeles bine cu Ionuț din prima, câștigând încrederea lui și pe a noastră. Ea a consultat ultimul raport medical trimis de medicul de la orfelinat, și i-a făcut și un control amănunțit, observând, și remarcându-i starea bună de sănătate, și cooperarea plăcută. Mai târziu, am rugat-o pe Gabi să-i obțină dosarul medical complet, și să-l traducă pentru pediatrul lui din Wisconsin.

Medicii i-au dat undă verde lui Ionuț, cu fișa completată cu vaccinurile la zi, și fără boli, contagioase sau de altă natură. Ne-au asigurat, de asemenea, că membrele sale diferite de normal nu erau rezultatul vreunei boli sau deficiențe din perioada sarcinii, și că nu vor genera nici un fel de problemă de natură non ortopedică. Organele sale interne, și toate sistemele erau în parametri normali, la fel ca și capacitățile sale cognitive. Ușurați că mai bifasem încă un lucru de pe listă, eram mai aproape de întoarcerea acasă. Am luat o pauză, înapoi la apartamentul Janetei, unde Alin ne-a pregătit prânzul.

L-am revăzut pe Dragoș, șoferul nostru din prima noastră noapte în București. El ne-a dus la Ambasada Americană, pentru a obține aprobarea pentru emigrarea lui Ionuț în SUA. Aceasta era o clădire elegantă, în stil vechi, cu tâmplărie din lemn de mahon închis. Acolo am întâlnit alte câteva familii americane, aflate în același proces de adopție. Doris și Gary din Sheboygan, Wisconsin, care îl adoptau pe Pavel (Paul); Kathy și soțul ei din Brookfield, Wisconsin, care o adoptau pe Jean; și un cuplu din Houston, Texas, care o adoptau pe Anna Maria. Părinții erau cu toții dornici să vorbească cu alți americani despre această nouă aventură în care ne aflam cu toții, și despre provocările viitoare ale familiilor noastre aflate în expansiune. Copiii erau încântați, și se jucau unii cu alții.

Având și această misiune îndeplinită, Dragoș ne-a condus înapoi la apartamentul Janetei, unde ne-am putut relaxa, și să începem să facem bagajele pentru călătoria de întoarcere. Alin și soția sa, Ioana, au fost fascinați și distrați de energia lui Ionuț. Le-a arătat toate cuvintele lui noi şi scamatoriile sale, în timp ce noi împachetam lucrurile în valizele noastre uriaşe.

Tu mi-ai întocmit rărunchii, Tu m-ai
ţesut în pântecele mamei mele.
Te laud că sunt o făptură aşa de minunată.

—Psalmul 139:13–14

ÎNGER MIC ȘI BLOND

Ne-am trezit la 4 dimineața, pe 11 decembrie 1998. Ionuț dormise bine, și s-a trezit în toane bune. Ne-a zis *Bună!* După cafeaua noastră și iaurtul lui, ne-am luat rămas bun de la Janeta și Florin. Dragoș ne-a dus la aeroportul Otopeni din București înainte să răsară soarele. Am încercat să-mi fixez în minte imaginea luminițelor de Crăciun de pe strázi, ca să i le pot descrie lui Ionuț într-o zi. Făcuse așa de multe progrese în doar câteva zile. Cu o săptămână în urmă îl înspăimânta mașina, dar acum abia aștepta să se urce. Dacă am putea și noi adulții să ne adaptăm la schimbări așa de repede precum copiii..

Dragoș s-a asigurat că ne aflăm la rândul corect pentru zborul nostru, apoi și-a luat rămas bun, și am rămas doar noi—oarecum. Mai erau și alți părinți americani, și copiii lor mici primprejur. Am tendința să uit de prezența lui Dumnezeu. *Unde mă voi duce departe de Duhul Tău, și unde voi fugi departe de Fața Ta?*

Toate acestea se petreceau în 1998, înainte de atentatul din 11 septembrie, așadar nu era prea complicat să ajungi la bordul unui zbor internațional. Noi, însă, călătoream cu un copil mic, și nu înțelegeam o boabă de română. Copilul nostru nu fusese niciodată în avion. A mers pentru prima dată cu mașina când a ieșit prima dată din orfelinat, iar asta l-a îngrozit. Câteva zile mai târziu am mers cu trenul, și și-acolo i-a fost greu, deci nu aveam idee la ce să ne așteptăm cu privire la zbor. Aveam și căruț pentru el, pentru că era prea greu ca să îl ducem în brațe tot timpul, și să manevrăm și valizele. Neavând picioare (laba piciorului) nu putea sta în picioare sau să meargă alături de noi ca orice alt copil de trei ani. Ne-au pus să lăsăm căruțul la poartă, deși, tehnic, era ca un cărucior cu rotile pentru el.

În cele din urmă, ne-am îmbarcat într-un avion mare al companiei Tarom, cu mulți români, și oameni care se întorceau în SUA. Câțiva dintre pasagerii de lângă noi călătoreau de asemenea cu micuții lor. Unii erau familii care tocmai adoptaseră, ca și noi. Alții erau însoțitori pentru agențiile de adopție, călătorind cu foștii orfani care urmau să fie adoptați odată ajunși în State. Am stat în picioare cât s-a putut, anticipând orele pe care le aveam de stat pe scaun, cu centura de siguranță fixată, și astfel am intrat în vorbă cu doamna de pe rândul din spatele nostru. Avea doi copii mici cu ea, așa că am întrebat-o dacă îi adoptase.

"Nu", spuse ea, "mă numesc Lori și dețin o agenție privată pentru adopții, US Adopt. Acestora doi li s-au găsit părinți, iar eu îi însoțesc."

Apoi m-a întrebat care era povestea noastră. I-am răspuns că îl duceam acasă pe fiul nostru, și a întrebat din ce oraș era.

"Iași."

"De la care orfelinat?"

"Sfânta Parascheva."

"Am fost de multe ori acolo", a răspuns ea, bucuroasă. "Ați văzut pe-acolo un băiețel blond mergând în genunchi? M-am rugat pentru el—era ca un înger."

Am invitat-o să se ridice ca să-l vadă la față. "El este?"

S-a ridicat să-și arunce privirea peste scaun, și a exclamat, în timp ce îi curgeau lacrimi pe obraji, "Tu ești!" Apoi a început să vorbească cu el bucuroasă în românește, iar el răspundea bucuros. A stat așa până când ni s-a cerut să ne punem centura de siguranță, și să ne pregătim de decolare. Dacă l-ar fi crezut cineva un îngeraș înainte de decolare, urma să i se spulbere orice imagine angelică.

Ionuț s-a ocupat cu butonatul a tot ce a găsit pe cotieră, ca să schimbe canalele și volumul de la radio. I-a plăcut accelerarea avionului la decolare, însă când acesta a început ridicarea deasupra norilor, a început și el să urle. Este un fapt bine știut că cei mici resimt dureri puternice de urechi când se schimbă presiunea atmosferică din cabină, la schimbarea de altitudine. Noi nu știam acest lucru la vremea respectivă, și eram convinși că l-a cuprins teama de necunoscut. În fond, reacționase la fel și în mașină și în tren. Însoțitorii de zbor ne-au adus răcoritoare, sperând că dacă are ceva de sorbit sau de supt se va liniști, dar nu el nu dorea nimic. În ochii lui citeam groază; tot ce am putut face a fost să îl țin aproape de mine. A durat mult, dar în cele din urmă s-a oprit din urlat, după câteva ore din zborul direct spre Chicago, și a adormit, însă doar pentru puțină vreme. Eu n-am reușit să-mi găsesc o poziție confortabilă, nici măcar pentru a ațipi puțin, deși eram extenuată.

M-am rugat pentru viitorul lui, pentru al nostru, să reușim cumva să fim suficient unul pentru celălalt, și mulțumindu-i lui Dumnezeu că ne-a ales pe noi să-l creștem. M-am rugat pentru părinții lui biologici, Carmen și Cătălin, ca să știe cumva în inimile lor că băiețelul lor era în siguranță de acum, cu familia lui permanentă, care îi va face rost de niște "picioare", și îl va iubi întotdeauna. M-am rugat să Îl cunoască pe Isus și ei, și el, ca într-o zi să se poată reuni.

Noi aveam să-l iubim până în acea zi, și să încercăm să-l învățăm ce trebuia să știe ca să trăiască în această lume. M-am mai rugat și pentru fata care avea să devină cândva soția lui, oriunde s-ar fi aflat. I-am mulțumit Domnului pentru momentele prețioase când Ionuț și-a pus pantofii mei pe capetele picioarelor, și țopăia pe podea. Mă întristasem la gândul că nu va putea să meargă încălțat cu pantofii mei, așa cum fac toți copiii mici. Dar mai târziu, spre surprinderea mea, a făcut-o, în felul lui!

Lăsați copilașii să vină la Mine și nu-i opriți, căci Împărăția lui Dumnezeu este a unora ca ei. Adevărat vă spun că oricine nu va primi Împărăția lui Dumnezeu ca un copilaș cu niciun chip nu va intra în ea.

—LUCA 18:16–17

PRIMIRE LA O'HARE

Fiul nostru Aaron și proaspăta lui soție, Jenny, ne-au întâmpinat la aeroport în Chicago. Ni s-au umplut inimile de bucurie și celebrare când i-am văzut la poartă. Zâmbetul larg al lui Aaron, și îmbrățișarea strânsă au fost egalate de lacrimile de bucurie și îmbrățișările lui Jenny. Entuziasmul lor ne-a revigorat.

Ionuț, de data aceasta așezat cum trebuie, într-un scaun de mașină, s-a delectat cu Jenny și cu mine, de o parte și de alta a sa. Aaron era la volan, și a oprit la restaurantul Cracker Barrel, să mâncăm. Deja nu-i mai era teamă de mersul cu mașina micului nostru nou membru de familie, și a gângurit tot drumul până acasă, reținând tot mai multe nume și cuvinte în engleză.

Am ajuns acasă mai târziu în acea după-amiază, cam pe când apunea soarele. Bucuria de a fi ajuns acasă s-a transformat în extaz în momentul în care am intrat pe ușă, și am găsit un semn cu "Welcome Home" (Bun Venit Acasă) de la Kay și prietenii noștri din biserică. Toată sufrageria era plină de cadouri, mâncare și carduri cadou. Uimindu-i pe Aaron și Jenny, micuțul nostru a "alergat" din urma mea cât i-am făcut turul casei, noul lui cămin. Spre uimirea lor, s-a descurcat chiar şi cu urcatul scărilor, urmându-mă în genunchi spre camera lui. Ron a fost ultimul din şir, alăturându-se grupului de la etaj cu râsul său înfundat. Reacţiile lui Ionuţ de mirare, şi bucuria lui au întrecut orice reacţie a orfanei Annie (un film american) când a păşit pentru prima dată în căminul ei. Încântarea smerită a lui Ron a fost la fel de bună ca şi cea a lui Daddy Warbucks (personaj din acelaşi film).

Când şi-a văzut camera, Ionuţ a chicotit din plin, copleşit de jucăriile pe care le-a văzut în jur. A chiuit de bucurie când a apărut pisica noastră tigrişor, Amelia, şi a încercat să o prindă înainte să se ascundă sub pat. Pisicii îi fusese dor de noi, însă era intrigată de această nouă creatură.

Am hotărât să lăsăm desfacerea cadourilor pe a doua zi, şi să încercăm să ne liniştim înainte de a merge la culcare; fusese deja o zi extrem de lungă. După ce ne-am luat rămas bun de la Aaron şi Jenny, Ionuţ a mâncat puţin la cină. Prima baie a lui de acasă a fost şi prima lui baie fără plânsete. Victorie! Nu-i mai era frică de apă. Încă se temea să fie singur, şi m-am întins cu el pe patul său, unde, în sfârşit, a adormit.

Combinaţia de oboseală, schimbare de fus orar, şi entuziasm ne-a trezit devreme pe toţi. După micul dejun am deschis corespondenţa cât pentru două săptămâni, în timp ce Ionuţ a desfăcut dintre cadourile cu jucării şi haine. N-aş putea spune cu certitudine cine a fost cel mai încântat—dar aş presupune că a fost Tata—când a citit că primisem aprobarea la asigurarea de sănătate care includea şi copiii adoptaţi. Ionuţ era prin apropiere, şi-a desfăcut setul cu arca lui Noe şi animalele, în timp ce asculta muzica de la Veggie Tales.

Cât Ron a plecat să facă aprovizionarea de la supermarket, eu l-am scos pe Ionuţ la o plimbare cu căruţul, pe afară. Înfofolit cum era, în pantaloni de fâş, geacă şi căciulă, i-a întâlnit pe vecinii Cathy, Leo, şi câinele lor Daisy. Erau atât de nerăbdători să îi ureze bun venit acasă, încât au dat fuga când ne-au văzut ieșind. Nu le spuseserăm încă despre picioarele lui, ne întrebam când și cum să o facem. Ne-am confruntat des cu această provocare în săptămânile ce au urmat.

Câteva zile mai târziu, am scris o scrisoare de Crăciun care explica povestea adopției noului nostru fiu. Ne-a scutit de unele nedumeriri pe care le-ar fi avut rudele și prietenii apropiați. Cum să răspundem întrebărilor străinilor, asta avea să fie altă treabă.

*Omul se uită la ce izbește ochii, dar
Domnul se uită la inimă.*

—1 SAMUEL 16:7

NOUL TĂU NUME VA FI

*L*uni întregi ne-am gândit dacă să îi schimbăm numele sau nu. Mulți ne-au întrebat.

Mulți experți în domeniu nu recomandă schimbarea numelui unui copil trecut de vârsta infantilă. Chiar înainte de a împlini vârsta de un an, copilul reacționează când este strigat pe nume, așadar a-i schimba numele ar fi ca și cum ai încerca să-i schimbi identitatea. Ionuț avea aproape patru ani când l-am cunoscut. Tot ce cunoștea deja avea să se schimbe. Fusese scos pentru prima dată dintr-un mediu tip creșă, și plasat într-o familie. În loc să fie înconjurat tot timpul de zeci de alți copilași, și câțiva adulți suprasolicitați, acum avea să fie singurul copil al unor adulți mai înaintați în vârstă. Cei doi frați noi ai săi erau și ei adulți deja, și nu locuiau cu noi, deci practic acum era singur la părinți.

Ca orice copil de 3 ani, își cunoștea limba natală, și o vorbea. Era pe cale să părăsească acel loc și să fie strămutat într-o altă cultură, unde se vorbea numai engleză. "Măcar lăsați-l să-și păstreze numele", ne-au sfătuit.

Pe baza acestei logici, am încercat. Ionuț nu e un nume obișnuit în America, și adesea era pronunțat sau scris greșit. Asistenții sociali americani ne sfătuiseră să-i pronunțăm numele "cu accent britanic Ian, adăugând 'ut' ca să sune 'EE-yen-ut,' care rimează cu *nut* (nucă). N-au avut dreptate. Se pronunța "Yo-NOOTZ" (y-o moale urmat de accentul ce cădea pe NOOTZ). Un nume foarte des întâlnit în România, o formă a lui Ion, care se traduce John în engleză. Ionuț se traduce Johnny. Și cum numele John poartă semnificația "binecuvântare de la Dumnezeu", ni s-a părut potrivit.

După ce l-am strigat mental și cu voce tare "EE-a-nut" săptămâni întregi, am învățat repede să pronunțăm "Yo-<u>Noots</u>", ieșindu-ne destul de corect până când ne-am întors în State. Alții, totuși, nu reușeau să-i pronunțe sau să-i scrie numele corect; era de înțeles. Până în ziua de azi, cei de pe la tot felul de birouri oficiale tot au impresia că și-a notat numele greșit, și i-l corectează scriind "Lonut". Cea mai ușoară cale pentru toată lumea a fost să-i păstrăm numele legal Ionuț, și să-l poreclim Noot (pronunțat Nuț).

Am început să-mi doresc să fi căutat mai mult prin Scriptură înainte de a lua această decizie. Când am făcut-o, am descoperit că Dumnezeu schimbase de multe ori numele oamenilor, chiar la vârsta maturității de obicei, atunci când și-a revelat scopul Său pentru viața lor. Avram a devenit Avraam (Geneza 17:5). Sarai a devenit Sara (Geneza 17:15). Iacov a devenit Israel (Geneza 32:28). În Apocalipsa, Dumnezeu ne spune că cei ce vor birui vor primi un nume nou (2:17).

Viața lui Noot se schimba. Nu se mai numea orfan, ci fiu. Nu mai era singur sau speriat ci *înfiat*, într-o familie iubitoare (Psalmul 68:6). Imaginea lui de sine nu mai includea respingerea de sine din cauza comparației cu alții, ci era validat ca fiind o creație a lui Dumnezeu plină de valoare. Nu va mai fi la cheremul unui orfelinat, depinzând de mila altora pentru a i se împlini nevoile. Acum avea libertatea de a învăța, de a explora, și de a împlini potențialul pe care Dumnezeu l-a pus în el, devenind interdependent, răspunzând nevoilor altora, și primind în același timp ajutor, atunci când avea nevoie. Nu va mai privi figurile de autoritate ca pe unii care trebuie manipulați prin carismă pentru a-i împlini nevoile, ci drept oameni în care putea avea încredere că vor fi iubitori, chiar și când vor apărea obrăzniciile copilărești. Viitorul său nu mai era unul lipsit de speranță, plin de disperare, ci plin de posibilități, de productivitate, și scop.

Toate acestea, și multe altele, meritau un nume nou, pe care, până la urmă, l-a primit.

Îți vor pune un nume nou, pe care îl
va hotărî gura Domnului.

—Isaia 62:2

ZI DE ZI, SĂPTĂMÂNĂ DE SĂPTĂMÂNĂ

Următoarele câteva luni sunt în ceață, pline de activități. Găsirea unor rutine și ritmuri de viață nu avea să vină de la sine. Orice i-ar fi lipsit lui Noot în materie de părți ale corpului, cu siguranță nu îi lipsea energia, sau ascuțimea minții. A prins limba rapid de la noi, care îi spuneam cum se numește orice lucru sau persoană.

Părea că încearcă să recupereze timpul pierdut fiind activ și trăncănind tot timpul. Putea merge în genunchi cu ușurință, așa că i-am căptușit genunchii pantalonilor, deoarece podelele noastre erau cu parchet, fără covoare. Când voia să meargă mai rapid, se târa. Am realizat că, târându-se, i-ar fi căzut pantalonii fără să-și dea seama, și am început să-l îmbrac cu salopete, astfel încât bretelele de peste umeri să-l țină îmbrăcat. Ulterior am descoperit că îl puteam ridica mai ușor de pe podea apucându-l de acele bretele.

Înainte de sfârșitul lunii, prietenii noștri au dat o petrecere de binecuvântare cu ocazia aniversării de patru ani. În timp ce el își deschidea cadourile, fiecare femeie punea mâna deasupra capului său, şi se ruga, rostind o binecuvântare asupra sa. Acum lucruşoarele pe care le-a primit sunt de mult rămase prea mici pentru el, şi date de mult, însă binecuvântările continuă.

Încredinţaţi fiind că Ionuţ este un dar de la Domnul, l-am adus la binecuvântare, în februarie 1999. Pastorul Tim a ales versetul din 2 Samuel 9:7 pentru slujba de binecuvântare: "Nu te teme, căci vreau să-ţi fac bine".

Multe dintre nopţile din primele luni au fost întrerupte de plânsete ascuţite şi lungi. Am făcut tot ce puteam să-i ofer alinare ca să adoarmă înapoi, gândindu-mă că probabil plânge nopţile de necaz, şi confuzie. Multe au fost nopţile în care nimic nu l-a putut consola. L-am dus la dentist, şi am aflat că avea aproape fiecare dinte cariat. Fiind atât de mulţi, am decis să i se administreze anestezie totală, cât se fac lucrările necesare. După aceste proceduri s-a terminat şi cu plânsetul de noapte, şi am fost de acord cu dentistul că cel mai probabil sursa fuseseră durerile de dinţi.

Am continuat să ne apropiem, iar el a continuat să înveţe limba. Am decis să-l înscriem la creşă din două-trei motive. Câteva zile pe săptămână, câteva ore l-ar fi ajutat să prindă limba mai repede, şi să socializeze, pregătindu-l pentru şcoală. Şi cred că nu trebuie să vă reamintesc că eram mamă la patruzeci şi opt de ani, aşadar nu mă deranja o pauză din când în când.

În septembrie, câteva luni mai târziu, l-am dat la creşă la şcoala James Otis. Ironia era că era aceeaşi şcoală de unde cumpărasem afişul cu poezia "Copilul Special al Cerului". Această şcoală mică din apropierea casei noastre avea doar două grupe de vârstă. Una era de creşă. Cealaltă era pentru câţiva copii cu autism. Din când în când, doamna Basemen şi alţi profesori îi amestecau pe copii pentru a le oferi o lecţie de viaţă despre a îi accepta şi implica şi pe cei care sunt diferiți de tine însuți. Am hotărât să aduc afișul înapoi ca toți părinții să îl poată vedea.

Oamenii au început să observe diferențele lui Noot și să pună tot felul de întrebări din curiozitate, uneori oameni străini întrebau nepoliticos, "Ce a pățit la picioare?". Când aveam timp la dispoziție foloseam ocazia drept moment pentru a oferi o lecție de viață, în loc să le ignor comentariile. Nu voiam ca Noot să se simtă diferit, sau inferior în vreun fel, și am vrut să-l lămuresc pe cel ce adresa întrebarea. În timp am învățat să răspund acelei întrebări zicând, "Nu s-a întâmplat nimic; așa l-a creat Dumnezeu. Așa cum pe unii i-a creat cu ochi albaștri, iar pe alții cu ochi căprui."

Adesea îi observau mai întâi mâinile, înainte să comenteze despre absența labei piciorului. Degetele de la mâna dreaptă a lui Noot nu se îndoaie suficient cât să strângă pumnul, iar mâna stângă este ca un mare deget mare. Copiii, fiind curioși, întrebau, "De ce are doar o mână?" Le răspundeam, "Pentru că Dumnezeu l-a făcut atât de deștept, încât n-are nevoie decât de una." Când a mai crescut le spuneam, "Uite-l, întreabă-l pe el." Când copiii se holbau, el le spunea politicos, "Probabil că vă întrebați ce . . ." și intra în vorbă cu ei.

Nu te uita la înfățișarea lui și înălțimea staturii lui . . .
Domnul nu se uită la ce se uită omul; omul se uită la
ceea ce izbește ochii, dar Domnul se uită la inimă.

—1 Samuel 16:7

AM PANTOFI

Mulți ne-au întrebat dacă aveam de gând să îi facem rost de proteze lui Ionuț. Nu ne-am grăbit să începem acel proces, am vrut să-i oferim fiului nostru suficient timp de acomodare, să învețe limba, și să capete încredere în noi. Ne documentasem, și știam că, odată ce începem, urma să avem de făcut multe drumuri la spitalul Shriner din Chicago și multă fizioterapie, ca să se obișnuiască cu protezele. Nu am considerat asta o prioritate—MOMENTAN!

La mijlocul lui aprilie, o adolescentă din cartier, pe nume Alyssa, a venit să stea cu copilul, ca să putem avea în sfârșit și noi o seară împreună, să ieșim la restaurant și la film. Ionuț a vrut să stea la mine în brațe cât timp Ron făcea duș. M-am așezat pe canapea cu el în brațe, și am început să schimb canalele la televizor. Am dat de o emisiune despre un om căruia i se amputase piciorul de sub genunchi în jos, și căruia i se luau măsurile pentru proteză. I-am arătat lui Ionuț că bontul piciorului acelui om era exact ca al lui, și ne-am uitat cum i se iau măsurile, cum probează proteza, se sprijină pe ea, și cum în cele din urmă a început să alerge. I-am spus prin cuvinte și prin semne că într-o zi o să-l ducem la doctor ca să îi luăm și lui unul, și o labă a piciorului pentru celălalt picior. Piciorul său stâng se termina la gleznă, cel drept imediat sub genunchi. Mergând atât de mult în genunchi dezvoltase o tensiune musculară severă la stângul, având restul piciorului îndoit, motiv pentru care l-am prevenit că va trebui să facă exerciții pentru acel genunchi, ca să-l poată îndrepta.

Nu l-a deranjat! S-a bucurat așa de tare, și imediat a început să-și îndoaie piciorul strigând încontinuu: "Ionuț merge doctor! Merge cumpărături! Ia picioare! Ia pantofi! Aleargă! Și celălalt!".

A doua zi de dimineață, încă nu uitase. A repetat același lucru tot drumul până la biserică.

Știam că se va aștepta să se întâmple imediat, așa că am găsit o modalitate prin care să-l ajut să aștepte. Am găsit un abțibild cu o proteză de picior și l-am lipit pe calendar pe data de 28 mai, când urma să aibă prima programare. Apoi am tăiat cu o linie fiecare zi ce trecea, până când a venit acea zi. Între timp, el le spunea același text tuturor pe care îi întâlnea.

În cele din urmă, a sosit și ziua când să mergem la spitalul Shriner pentru copii din Oak Park, statul Illinois. În camera de așteptare erau părinți cu copii cu tot felul de nevoi pentru diferite membre. Era pentru prima dată când nu era Ionuț obiectul privirilor curioase. Venind de peste tot din zonă, unii aveau și bagaje cu ei, așteptându-se să fie nevoiți să rămână peste noapte, acolo unde cazul necesita operație.

Dr. Ackman, specialistul ortoped, ne-a făcut să ne simțim în largul nostru, cu calmul și încurajările sale. Fiul nostru a fost examinat de specialiști și rezidenți din toate domeniile asociate pediatriei în timp ce el, la rândul său, i-a fermecat cu prezența sa. După ce au stabilit care să fie planul, ne-au direcționat spre Scheck & Siress Orthotics and Prosthetics, la distanță de aproape un kilometru și jumătate. Cum fusesem preveniți că ne va lua cam toată după-amiaza, ne-am oprit să luăm prânzul la Charlie Robinson's Best Ribs. Acea oprire s-a dovedit a fi o soluție delicioasă, atât pentru energia noastră în scădere, cât și pentru cerul gurilor noastre.

Înregistrarea la Scheck and Siress a decurs rapid și eficient. Se pare că după-amiezile de vineri erau păstrate pentru copiii trimiși de la spitalul Shriner, întrucât câțiva copiii de acolo veniseră și aici. John Angelico și asistenții săi au făcut mulajele lui Ionuț pentru a le folosi să-i facă "picioare Shriner". Ne-au întrebat cum de am adoptat acest copil din România, și am povestit cum ne condusese Dumnezeu, printr-un vis și o scrisoare. Noot se obișnuise să ne audă reluând povestea, uneori ne cerea să o mai spunem o dată.

I s-a indicat să facă exerciții pentru piciorul stâng până avea să fie gata proteza, ca să mai reducă din tensiunea acumulată în genunchi. Kinetoterapeutul i-a dat și o orteză pentru genunchi, pe care să o poarte noaptea, care să-l țină într-o poziție mai dreaptă. John i-a realizat și niște protecții din cauciuc rigid pentru bonturile lui, astfel încât să se poată mișca în voie pe jos și pe afară, fără să se rănească, sau să facă bășici.

Ne-am întors la Oak Park două săptămâni mai târziu, pentru prima probă la noile lui picioare. Ron nu și-a mai putut lua zile libere de la muncă, motiv pentru care am mers însoțită de sora mea, Emma. Era necesară prezența unui alt adult pe lângă mine, nu doar pentru companie, sau ajutor la orientarea în spațiu, ci și pentru nevoile multiple pe care le avea Noot. Imaginați-vă să te oprești la benzinărie să alimentezi și să faci cumpărături, în timp ce cari în brațe un copil de 9 kg, pe care să nu-l poți lăsa jos când tu ai nevoie să mergi la toaletă. Înainte de apariția GPS-ului, era nevoie de două perechi de ochi și urechi de adult atunci când mergeai cu mașina într-un oraș necunoscut, alături de un copil mic și vorbăreț.

Noot a fost în delir când a văzut pentru prima dată picioarele construite pentru el; le-a probat cu ajutorul lui John și Walter, doi protezişti. Ni se spusese ce mărime de încălțăminte să cumpărăm, iar el își alesese o pereche de adidași dintre aceia cu luminițe, ce se aprindeau când pășeai. Au mai măsurat și făcut modificări la proteze. Cu ajutorul lor, Noot a stat drept în picioare, exact ca pisica ce tocmai a-nghițit pasărea. Ținându-se de balustrade pentru sprijin și echilibru, lovea cu un picior în față, apoi cu celălalt, cât de tare putea. Eram convinși că se va adapta rapid, și va învăța să alerge și să se joace.

Multe zile mi-a răsunat în minte cântecul care zice: "Eu am pantofi, tu ai pantofi, toți copiii Domnului au pantofi . . ."

> *Câțiva ani mai târziu vorbeam despre rai când Ionuț s-a uitat la mine cu ochii lui căprui și mi-a declarat, "Văd acolo grămezi cu proteze pentru mâini și picioare, pentru că vom primi un trup nou, și nu vom mai avea nevoie de ele."*

—Ionuț, la vârsta de șase ani

CÂND MERGI

Lunile rămase din 1999 au fost luni de terapie. Făcea logopedie pentru a-l ajuta pe Ionuț să învețe limba cea nouă. Făcea ergoterapie, care îl echipa să se descurce în viață având o singură mână, și și-aceea, cu degete înțepenite. Cel mai adesea făcea kinetoterapie, care îl învăța să meargă și să se deplaseze pe aceste "picioroange", numite proteze. A început kineto la spitalul Shriner în Oak Park, în calitate de pacient în ambulatoriu. Eu am rezervat o cameră la Write Inn, tot pe Oak Park Avenue cam la distanță de un kilometru și jumătate, ca să putem fi aproape. Ședințele le avea dimineața și după-amiaza, cu o pauză la prânz, pentru masă și un pui de somn la hotel.

Mary, kinetoterapeuta lui, era foarte răbdătoare și înțelegătoare. La început, l-a învățat cum să se suie și să se dea jos de pe noile lui picioare, apoi să stea drept, după aceea, cum să pășească. Mai lucrase cu mulți alți copii, și îi punea un ham, astfel încât să nu cadă dacă și-ar fi pierdut echilibrul. Îl sprijinea să meargă pe holuri, să se urce pe aparatele de joacă de afară, și să exerseze urcatul pe scările ce dădeau spre locul de joacă. Ionuț s-a împrietenit cu toți angajații și ceilalți copii—nu era câtuși de puțin timid! Cu cât treceau zilele, cu atât observam că nu se mai baza pe ham, sau pe sprijinul lui Mary. Dar nu avea la fel de mult curaj să meargă pe cât avea să-și facă prieteni.

Write Inn a fost alegerea potrivită pentru noi. Era vechi, dar bine păstrat, avea mai multă personalitate, iar angajații erau mai amabili decât la hotelurile mari, aflate și mai departe. Ascensorul era antic, cu uși manuale, dar în perfectă stare de funcționare. Camera noastră avea ferestre mari, cu priveliște înspre cartier, oferindu-ne o oază de odihnă amândurora, la sfârșitul acelor zile obositoare.

Câteva zile mai târziu, întorși la hotel de la ședința de kinetoterapie, Ionuț se agățase de mâna mea și se smiorcăia, cu toate că știam că nu are nevoie de ajutor. Când a văzut liftul mi-a dat drumul la mână, și a *alergat*, ca să fie primul când se deschide ușa. A făcut trei, patru pași de la lift până la ușa noastră. După ce l-am lăudat că a mers singur, fără ajutorul meu, nu s-a mai oprit! Făcea ture peste tot, de la televizor, la pat, la baie, și de la capăt. Și eu, și el, am fost foarte mândri.

După un somn bun în acea noapte, mi-am zis că sigur va fi nerăbdător să-i arate progresul său lui Mary. I-am dat drumul la mână în drum spre mașină, așteptându-mă că va țâșni la fel ca în camera de hotel. Dar avea memoria scurtă, iar acum eram afară. Am rămas la doar un pas distanță, Ionuț, însă, plângea îngrozit. S-a grăbit să mă ia de mâna care era la câțiva centimetri de el. Am alergat de două ori în jurul mașinii, și nu s-a oprit din urlat cât l-au ținut plămânii, până când s-a făcut roșu ca racul la față. Când, într-un final, l-am lăsat să mă ajungă din urmă, și l-am îmbrățișat, inimioara lui bătea foarte tare.

Orice făcea acest copil, făcea la intensitate maximă. Abia după ce am reușit să-l conving să inspire adânc, și să se gândească o clipă, a realizat că era în stare să meargă singur. A continuat să meargă toată ziua, uimit, şi mândru de el însuşi. M-a epuizat exersând să mergem, să ne oprim, să ne întoarcem, să ne ridicăm, să ne aşezăm. Îl învăţase bine Mary, şi-l pregătise să facă toate mişcările necesare.

Rânjetul încrezut pe care-l avea pe faţă când a defilat în cabinetul de kineto parcă spunea, "La ce vă uitaţi? Eu am ştiut dintotdeauna că voi reuşi!" La final de zi a fost externat din programul de terapie, urmând să avem consultaţii o dată pe săptămână înapoi la noi în Fond du Lac.

Rugăciunea mea se alinia cu cuvintele autorului cărţii Proverbe:

> *Fiule, păzeşte porunca tatălui tău*
> *şi nu părăsi învăţătura mamei tale.*
> *Leagă-le mereu de inima ta,*
> *prinde-le în jurul gâtului tău.*
> *Când mergi, ele te vor conduce;*
> *când stai întins, te vor păzi,*
> *iar când te vei trezi, te vor inspira.*
>
> —Proverbe 6:20–22

CREȘTEREA

Adesea primeam articole de la prieteni bine intenționați, sau auzeam povești, despre copii cu dizabilități care ating performanțe sportive. L-am tratat pe fiul nostru la fel ca și pe ceilalți copii ai noștri, încurajându-l să încerce orice activitate îl interesa—câte una pe rând, de obicei—ca să nu fim nevoiți să facem pe taximetriștii tot timpul. Totuși, am evitat să punem presiune pe el să fie mai bun ca alți copii din grup. Ne-am dorit să aibă libertatea de a experimenta, fără să simtă că așteptăm performanțe. Scopul nostru a fost ca el să se simtă bine în pielea lui, și să aibă curajul să încerce orice își dorea. Pe măsură ce au trecut anii, s-a distrat testând diverse activități, fără să devină pasionat, sau stresat de vreo una.

Înotul. Observându-l, chiar de la început, pe Ionuț, cum se juca cu apa când îi făceam baie, am remarcat ce efect calmant avea asupra lui. Locuind în statul Wisconsin, înconjurați de lacuri, mi-a venit o idee. Majoritatea părinților își înscriu copiii la lecții de înot din motive de siguranță, dar eu m-am gândit că ar fi un tip de mișcare de care al meu s-ar bucura mult. La clubul sportiv local YMCA, de obicei, se găseau adolescenți și studenți care îi învățau pe cei mici să înoate, nu m-a surprins să descopăr acest lucru când l-am dus la prima lecție.

Părinții puteau privi din spatele unui perete de sticlă. Imediat, micuții deja se bălăceau la marginea piscinei, urmărind domnișoara de vârsta facultății, care le arăta cum să sufle aerul pe nas, astfel încât să facă bule sub apă, apoi a avansat la pășitul prin apă susținuți de colac. Ciudat, însă, pe Noot îl ținea cu ea, sprijinit de șoldul ei, în timp ce lucra cu alți cinci, șase copii.

Eram pregătită să o întreb în privat de ce a făcut asta, dacă s-ar fi repetat și la următoarea ședință, însă următoarea lecție a fost predată de Jacquie Nett, o profesoară matură, și cu mai multă experiență. Spre bucuria mea și a lui Noot, l-a ajutat să facă aceleași lucruri ca și ceilalți copii. La sfârșitul lecției, i-am mulțumit că a crezut în potențialul lui, și am întrebat dacă va continua să predea ea cursul. Se părea că venise în ziua aceea doar ca să înlocuiască pe cineva, însă mi-a spus că lucrase cu mulți copii cu tot felul de dizabilități, și s-a oferit să-i predea lui Noot în particular, ceea ce am și aranjat imediat.

În câteva săptămâni de lucru cu Jacquie, Noot înota de-a lungul piscinei fără ajutor, și fără vestă de salvare. Era îndrăgostit de libertatea de mișcare pe care i-o oferea apa, și a ajuns să fie un înotător foarte bun. Mai târziu, ne-am mutat într-o casă cu piscină în curte și ne-am bucurat de Noot, prieteni, nepoți, și nepoate înotând, și jucându-se în apă multe veri la rând.

Wrestling (lupte greco-romane). În clasa întâi, sau a doua, era înscris într-un program de wrestling pentru copii, din cadrul departamentului de recreere. Aceasta a fost o altă activitate pe care o putea încerca fără să aibă nevoie de proteze. Fiul nostru era destul de puternic și musculos pentru vârsta lui, și a prins repede mișcările. Antrenorul a observat rapid că ceilalți băieți de aceeași vârstă evitau să fie partenerii lui de luptă. Într-o zi, i-a strâns pe toți în cerc, și a adus două monede—una strălucitoare și una înnegrită. I-a întrebat pe copii care dintre acelea cred ei că valorează mai mult. Observând că au înțeles ideea, le-a explicat că tot așa este și cu oamenii. Deși arătăm diferit, cu toții avem aceeași valoare. Fiul lui era partenerul lui Noot cel mai adesea. Aveau cam aceeași greutate, deși Noot era cu un an sau doi mai mare. Noot îl lăsa să câștige de cele mai multe ori, pentru că era mai mic.

Ciclism. De-a lungul anilor am avut oaspeți de peste tot din țară la Dixon House Bed & Breakfast (afacerea noastră). În octombrie 1999, au stat la noi Richard S. și cu prietena lui, Diane, veniți pentru un raliu de motociclete. Richard era inginer, și fusese surprins de entuziasmul lui Ionuț, și de curiozitatea lui pentru orice. S-au înțeles de minune din prima, având amândoi personalități aventuriere și vivace. Richard s-a întors chiar înainte de Crăciun cu o tricicletă pentru Ionuț. În loc să ia o bicicletă obișnuită, cu roți ajutătoare, el însuși a realizat designul uneia cu două roți în spate și una mai mare în față. Dar aceasta nu era o tricicletă obișnuită. O construise cu mânere și pedale potrivite pentru membrele lui Noot, de lungimi diferite.

Atunci locuiam la fermă, și aveam o alee lungă pietruită, pe unde Noot a dat multe ture, de jur împrejur, în verile ce au urmat. Deși Richard se asigurase că nu o construise astfel încât să-i rămână mică, în cele din urmă și-a dorit să încerce și o bicicletă obișnuită.

Apare Richard K în poveste. În 2004, venise în oraș un alt inginer, cu o tonă de biciclete de toate tipurile, dornic să învețe pe copii o mulțime de trucuri despre mersul pe două roți. După ce a înscris și instruit câțiva voluntari dornici să ajute, Richard a invitat pe copiii care voiau să încerce să învețe mersul pe bicicletă. Un alt Richard a făcut modificările necesare bicicletei, și un voluntar l-a ajutat pe Ionuț să meargă pe două roți, fără roți ajutătoare. Se pare că bărbații pe nume "Richard" făceau parte din destinul lui Ionuț.

Trotineta. După fermă, ne-am mutat într-o zonă mică, cu vecini, ceea ce însemna că aveam copii în preajmă, cu care Noot se putea juca. Vara se bucurau de piscină, însă au fost zeci de primăveri și toamne când era prea rece pentru asta. Am descoperit că cel mai mult îi plăcea să se dea cu trotineta prin cartier. Conducând roata din față din mâner, și luându-și avânt cu piciorul stâng, putea ține pasul cu ceilalți, și nu s-a simțit niciodată lăsat la o parte.

Windsurfing. Ionuț a fost observat de Kevin la unul din spectacolele de teatru în care a jucat. Kevin avea o afacere pentru instruire și închirierea echipamentului de windsurfing, pe malul râului Winnebago. S-a oferit să-l învețe pe Ionuț să facă windsurfing, și să-i dea lecții gratuite personal, precum și echipamentul său în folosință. Ionuț s-a gândit, *De ce nu? Sună distractiv!*

Kevin a ales o zi cu vânt domol pentru prima lecție. Eu mi-am adus un scaun pliabil, și m-am așezat pe iarbă, lângă perechea de picioare protetice, ca să privesc. Le-am adus câteva lecții la rând, până când Ionuț s-a descurcat la surf fără ele. Cel mai încântat a fost Kevin, că putea să-l învețe. Când s-a răcit afară, s-a răcit și apa, și s-au terminat și lecțiile de windsurfing; până vara următoare Noot avea deja alte interese.

Teatru și Muzică. Dramatismul și intensitatea sunt două dintre caracteristicile copiiilor plini de viață, motiv pentru care am decis să le punem la treabă, și l-am înscris pe Ionuț la corul și la teatrul copiiilor. S-a arătat încântat de ambele—chiar mai mult decât de activitățile fizice. Avea o voce bună, cu care a atras atenția dirijorilor surprinși ai corului.

Guys and Dolls Jr, Scripcarul de pe Acoperiș, și *Vrăjitorul din Oz* sunt câteva dintre musicalurile în care a jucat cu colegii săi.

În gimnaziu a învățat să cânte bariton, dar și-a pierdut interesul după primul an. La liceu a cântat în diverse coruri. A câștigat locul întâi la concursul de solo și ansamblu, la nivel de stat, cu vocea lui profundă de bariton, cântând "Gia il sole dal Gange". Onoarea era de partea noastră să fim acasă când repeta.

Privind în urmă, pot identifica o temă recurentă printre activitățile lui preferate. Adora să pună lucruri în rucsac, sau geamantan, și să se joace de-a plecatul în călătorie. Ambele erau umplute cu jucării, cel mai adesea, pe care le plimba prin casă și prin curte, în călătorii imaginare. Totodată, folosea diverse lucruri pe post de microfon—perii de păr, furculițe, bețe—și vorbea tare, sau cânta la ele. Îmi amintesc că am intrat în camera lui odată, și am găsit toate jucăriile lui de pluș aliniate pe pat, ascultându-l pe Noot cum le "predica" o slujbă de înmormântare. *Avioanele* —și tot ce avea de-a face cu avioane și aeroporturi—erau pasiunea lui. Din fericire, am călătorit de multe ori cu avionul în copilăria sa, și a fost ușor să descoperim această pasiune.

Ionut a fost invitat din copilărie să spună povestea adopției lui la nenumărate grupuri de copii sau tineri. A vorbit în fața claselor de școală (nu a lui), și grupelor de școală duminicală, fără să aibă vreodată emoții în fața "mulțimii", povestind despre adopția sa, și cum folosește protezele. Întotdeauna le explica ascultătorilor cum și ei pot fi adoptați de Dumnezeu Tatăl. Folosea un acronim simplu pentru a se face înțeles:

A – Acceptă că ești păcătos, cu toții ratăm standardul așezat de un Dumnezeu sfânt. "Căci toți au păcătuit și sunt lipsiți de slava lui Dumnezeu" (Romani 3:23).

B – Crede că Isus, care este Fiul lui Dumnezeu, a plătit prețul pentru păcatul tău prin moartea Sa pe cruce și învierea din morți. "Căci prin credința din inimă se capătă neprihănirea și prin mărturisirea cu gura se ajunge la mântuire" (Romani 10:10).

C – Alege să primești plata lui Isus pentru păcatul tău, și urmează-L în ascultare.

"Iau azi cerul şi pământul martori împotriva voastră că ţi-am pus înainte viaţa şi moartea, binecuvântarea şi blestemul. Alege viaţa, ca să trăieşti, tu şi sămânţa ta, iubind pe Domnul Dumnezeul tău, ascultând de glasul Lui şi lipindu-te de El, căci de aceasta atârnă viaţa ta şi lungimea zilelor tale" (Deuteronom 30:19–20). "Şi nu numai atât, dar ne şi bucurăm în Dumnezeu, prin Domnul nostru Isus Hristos, prin care am căpătat împăcarea" (Romani 5:11).

Când era în clasa a noua, şi-a spus povestea la un dineu de strângere de fonduri al organizaţiei United for Life, în Fox Valley, şi a primit aplauze la scenă deschisă de la cei 800 de invitaţi. Suntem în aşteptare să vedem cum îl va călăuzi Dumnezeu să-şi folosească darurile.

> *Cât de frumoase sunt picioarele celor ce vestesc pacea, ale celor ce vestesc Evanghelia!*
>
> —ROMANI 10:15

PASTORI ROMÂNI ȘI FURTUNI DE WISCONSIN

De-a lungul anilor 90, biserica noastră a sprijinit financiar un misionar în România. Pastorul Tim Haugen, invitat de Steve Farina, a călătorit la București împreună cu o echipă mică la începutul lui 1998, pentru a-i învăța pe pastorii recent ieșiți din comunism o metodă de plantare de biserici. Aceasta se baza pe grupuri de casă cu noii urmași ai lui Hristos, care învățau de la pastorii lor cum să-și descopere și să-și dezvolte darurile spirituale. Acești pastori români erau aprinși pentru Domnul, și au primit cu bucurie toată literatura creștină și instruirea teologică. Pastorul Gabi Moldovan, din Cluj Napoca, a acceptat o invitație în Wisconsin pentru a afla mai multe, și a discuta despre un parteneriat între biserica noastră și bisericile evanghelice românești în dezvoltare.

Îmi amintesc o conversație avută cu Gabi în privat, când i-am spus ce aveam pe inimă. Anticipând adopția unui copil român ai cărui părinți nu îi vom întâlni niciodată, am fost încântată să aflu că Evanghelia se răspândea prin țara încă afectată de comunism și de asuprirea creștinismului. Deși Ortodoxia era recunoscută drept religia oficială în zonă, acesta părea bazată pe ritualuri și tradiții, având formă de religie, dar lipsită de o relație personală cu Dumnezeu, prin intermediul Fiului Său, Isus Hristos. Entuziasmul tot mai mare de a planta biserici evanghelice mi-a dat speranța că părinții biologici ai fiului nostru vor auzi într-o zi adevărata veste bună. Dacă nu se vor reuni niciodată pe acest pământ, vor putea aștepta cu nerăbdare o reîntâlnire cu fiul lor în ceruri, dacă ar înțelege Evanghelia și ar primi mântuirea prin Isus Hristos.

Pastorul Ken Nabi s-a implicat în acest parteneriat, și a condus o altă echipă, pentru a continua dezvoltarea plantării de biserici în România. El s-a conectat foarte bine cu pastorul Mihai Dumitrașcu din Galați, și au legat o legătură personală care continuă până în prezent. Prietenia lor și parteneriatul dintre biserica noastră și Biserica Emanuel continuă să prospere.

Când Mihai a venit să viziteze Wisconsin-ul în 2000, familia noastră a avut privilegiul de a-l găzdui. Până atunci, Ionuț devenise un băiat degajat, și sociabil oricând. Îi plăcea să-l aibă pe Mihai acolo serile, și să-l distreze cu poznele și jocurile sale. Lui Mihai îi place să spună povestea lui Noot, țopăind și sărind pe canapea, și alergând prin toată casa în genunchi, sau târându-se repede, fără proteze. Mihai se aștepta ca el să poarte protezele tot timpul, sau să stea într-un loc când acestea erau scoase.

Povestea mea preferată despre vizita sa s-a întâmplat în toiul nopții. Fusese o seară înăbușitoare și furtunoasă, și ne-am retras cu toții devreme. Ne-am trezit în sunete de sirenă. Ron și cu mine am știut imediat că era avertizare de tornadă. El l-a apucat pe Ionuț și s-a dus la subsol, iar eu am bătut la ușa lui Mihai pentru a-l anunța că trebuie să mergem la subsol. Probabil că auzise și el sirena, pentru că era deja treaz. Ne-a urmat liniștit până la subsol, unde urma să ne așezăm pe scaune pliabile, în pijamale. Trebuie să înțelegeți că locuiam într-o fermă veche de un secol. Nu era un subsol frumos și finisat, așa cum au casele moderne. Era o pivniță, cu ziduri de fundație din pietre de câmp, și grinzi de lemn vechi, joase, la vedere, care susțineau podeaua de deasupra noastră. Atât Ron cât și Mihai au trebuit să se aplece, pentru a nu se lovi cu capul de acele grinzi. Majoritatea spațiului acela mic și igrasios era ocupat de un cuptor enorm, un boiler de apă și alte aparate mecanice, în timp ce pânzele de păianjen atârnau prin colțuri. Din fericire, luasem o lanternă și un radio cu baterii în drumul nostru, pentru că în curând s-a întrerupt curentul.

Mihai a întrebat, într-o engleză perfectă, "Ce este o tornadă?" Când i-am explicat, ne-a spus că ei nu au așa ceva în România. Zece ani mai târziu, când Noot și cu mine l-am vizitat în Galați, m-a informat că văzuse pe internet știri despre o tornadă în Wisconsin. Se petrecuse chiar în Platteville, orașul meu natal. Să vezi și să nu crezi!

Mihai s-a întors în Wisconsin, ani mai târziu. Când a fost programat să predice la biserică, duminică, pe 17 aprilie 2015, l-am găzduit în casa noastră din prezent (cu un subsol frumos finisat). În acel al treilea weekend din aprilie am avut un viscol năprasnic. Toată sâmbăta și duminica a fost un vânt puternic, și s-a așezat un strat de cel puțin treizeci de centimetri de zăpadă grea și umedă. Pentru prima dată în istorie, s-a anulat slujba de la biserică. Pastorul nostru descurcăreț, Adam Utecht, a aranjat ca Mihai să predice prin transmisie pe internet, din încăperea bibliotecii noastre.

> *Aș fugi în grabă la un adăpost de vântul*
> *acesta năprasnic și de furtuna aceasta.*

—Psalmul 55:8

CEALALTĂ MAMĂ

De-a lungul anilor, a avut și Noot dificultățile tipice ale oricărui adolescent care își descoperea propria viață și identitate. Niciodată nu am încercat să-i ascundem adopția, lui sau oricui altcuiva. Avea o memorie extraordinară, ar fi fost imposibil să-i ascundem ceva, nici dacă am fi vrut—ceea ce nu a fost cazul. Când punea întrebări îi răspundeam cu adevărul, adaptat pe măsura vârstei și capacității lui de înțelegere. Am păstrat anumite informații cheie doar în familie, astfel ne-am asigurat că nu aude de la alții înainte să afle de la noi.

Din fericire, știam că părinții lui biologici erau căsătoriți, și că el fusese dorit. Mai știam și că nu exista nici o explicație pentru anomaliile descoperite la naștere. Mama lui nu luase nici o substanță care le-ar fi putut cauza. Tatăl său completase informațiile din istoricul său medical, atât cât cunoștea.

Una din întrebările pe care și le adresa Ionuț din când în când era, "Oare cum arată ei?" La asta îi răspundeam zicând, "Uită-te în oglindă. Mai mult ca sigur arăți leit ca unul dintre ei—foarte frumos". Știam amândoi că nu era mulțumit cu răspunsul, deși se prefăcea că este.

Noot m-a sunat în noiembrie de la facultatea din Wilmore, Kentucky, să-mi spună la mulți ani, și să-mi dea vestea cea bună.

"Mi-am găsit părinții biologici!"

Mi-a povestit cum a căutat numele lui de familie, Stoica, pe rețelele de socializare. A dat peste o mulțime de oameni cu acel nume de familie, așa că a adăugat prenumele pe care le știa de la noi. N-a vrut să-i șocheze pe părinți, așa că întâi a contactat-o pe fiica lor. I-a răspuns rapid, după care el i-a adresat câteva întrebări cheie, pe care ea le-a putut confirma. Nici ea nu a fost șocată, părinții nu ascunseseră de ea nici nașterea, nici adopția lui Ionuț.

Andreea a fost încântată să-și informeze părinții despre conectarea lor, și a confirmat că și ei erau dornici să vorbească cu Ionuț. Au început cu toții să comunice ocazional, cu ajutorul aplicațiilor de traducere.

Când am văzut o poză cu Andreea a fost ca și cum mă uitam la versiunea feminină a fiului nostru. Pozele cu Carmen și Cătălin erau ca și cum îl vedeam douăzeci de ani în viitor. În sfârșit știa și el cum arătau, spre bucuria lui. Răspunsul lor primitor și iubitor față de el a fost o ușurare pentru noi toți.

Pe cât de entuziasmat a fost, totuși, l-am rugat să aștepte cu planificarea unei vizite până după absolvire. Cu toții aveam nevoie de timp să procesăm, să ne rugăm, și să planificăm această experiență de neuitat. Pentru moment, era extrem de îmbucurător pentru Ionuț că acum știa cum arată, și că într-adevăr "arăta ca ei".

Căci nu este nimic ascuns care nu va fi descoperit
și nimic tăinuit care nu va ieși la lumină.

—Marcu 4:22

INVITAȚIE LA NUNTĂ

Absolvirea lui Noot de la Asbury University, cu diplomă în comunicare media, a fost o mare realizare. Am fost nemaipomenit de mândri de el, și am făcut o sărbătoare de familie mergând în Kentucky cu Aaron, soția lui și cei trei copii. Sora lui, Kara, a luat avionul din Seattle pentru a ni se alătura. Ni s-au umplut inimile depănând amintirile începuturilor sale umile, și realizările lui de-a lungul vieții, ca un film care ne trecea prin fața ochilor. Majoritatea orfanilor de la Sf. Parascheva probabil că ar fi fost fără educație, și nepregătiți pentru viața de adult, mulți dintre ei sortiți unui viitor de cerșit și boschetăreală, sau droguri. Iată aici, băiatul cândva orfan, acum absolvent de facultate, cu un viitor strălucit înainte, înălțându-se ca un vultur. În fața viitorului, o inimă de orfan simte că trebuie să lupte ca să obțină orice, pe când o inimă de fiu este sigură de moștenirea sa.

Noot a păstrat legătura în privat cu sora lui biologică, Andreea, prin mesaje pe rețelele de socializare. La începutul lui 2019 l-a anunțat de logodna ei cu Cristi Andrieș. Ea și părinții l-au invitat și pe el, și pe noi la nunta din iulie. Am acceptat invitația, încântați să-i întâlnim pe toți, și ne-am rezervat zborurile. Această călătorie era cadoul nostru de absolvire pentru fiul nostru, ținându-ne de promisiunea făcută. Ne-am încrezut în Dumnezeu să aranjeze detaliile, mulțumitori pentru toate ușile deschise.

Între timp, ne-au vizitat Eugen și Nicoleta Iordache în Wisconsin, în aprilie. Eugen era unul dintre pastorii de la Biserica Emanuel din Galați, pe care noi o sprijineam (Nico, soția lui, era sora pastorului Mihai). Era prima lor vizită în State, și ne-am bucurat să le fim gazde. Eu și Ionuț îi văzusem ultima dată în 2014, într-un drum la Galați. El avea nouăsprezece ani la momentul acela, și dorea să viziteze țara, și să experimenteze limba și cultura în care s-a născut. Experiența l-a îmbogățit cu gusturi, mirosuri și ascultarea mediului înconjurător, toate care i-au hrănit rădăcinile.

Noot a călătorit și singur, în 2016, în Timișoara, pentru a-și petrece vara cu niște prieteni misionari de-ai noștri, Harriet și Steve. Ei desfășurau tabere pentru copii și tineri rromi—o minoritate etnică în România, cunoscută, de altfel, drept țigani. În acele săptămâni, a învățat să aprecieze diferențele deosebite dintre culturi. A văzut, în același timp, că nevoia universală a tuturor oamenilor este intimitatea cu Dumnezeu.

Acum, în 2019, Dumnezeu folosea acele experiențe pentru a ne ajuta să clădim împreună reuniunea lui Ionuț cu părinții săi biologici. Eugen ne-a întrebat, cât timp a stat la noi, cum ne-ar putea ajuta în planurile noastre. Zborul până la București nu era o problemă, însă de acolo știam că va fi ciudat să fim în orașe mari, necunoscute, circulând cu transportul în comun fără, să știm limba. Și-au oferit rapid casa din Galați, unde să stăm câteva zile, fie la dus, fie la întors dinspre Huși (oraș necunoscut nouă). Nico ne-a asigurat că fiul lor, Octavian—Tavi, cum îl știm noi, ne putea traduce când vom petrece timp cu cealaltă familie a lui Ionuț.

Dorind să fim sensibili față de sentimentele lui Carmen și

Cătălin, am început să le pregătesc un cadou. Am căutat prin mulțimea de poze de-a lungul anilor, și am ales o parte care arătau povestea copilăriei, și a anilor în care fiul lor a crescut în Wisconsin. Câteva prezentau aventuri și realizări, dar majoritatea surprindeau zile obișnuite. Ionuț și cu mine le-am revăzut împreună și am plănuit cum să le aranjăm, și descrierile pe care să le adăugăm pentru a comanda pe internet un album foto pentru ei. În plus, am rugat-o pe Tamara Neacșu, o altă gălățeancă, prietenă de-a mea, să traducă pentru ei o versiune scrisă a visului meu, și a scrisorii lui Ron de la Dumnezeu.

> *Ajutați pe sfinți când sunt în nevoie;*
> *fiți primitori de oaspeți.*

—Romani 12:13

> *Când va deschide el, nimeni nu va închide, și*
> *când va închide el, nimeni nu va deschide.*

—Isaia 22:22

ÎN AȘTEPTARE. GALAȚI

Pastorul Mihai Dumitrașcu, și alții de la Biserica Emanuel din Galați, au fost bucuroși să afle că Ionuț urma să-și întâlnească părinții biologici. Mulți orfani au fost adoptați spre alte țări în anii '90, însă reuniunile fericite nu se obișnuiau. Ne-au spus poveste după poveste cu final nefericit, ba chiar urât. Propaganda știrilor televizate public se delecta mediatizând ce-i mai rău. Întotdeauna am observat că autorilor răului le place să portretizeze adopția ca pe ceva rău, ba chiar înspăimântător. Cunoscând adevărul, m-am rugat întotdeauna ca Dumnezeu să închidă poarta reuniunii, dacă va fi una neplăcută pentru Ionuț. I-am cerut Domnului să facă drum, și să deschidă uși, doar dacă este după placul Său, și dacă va fi benefic pentru toți cei implicați. El a deschis ușă după ușă.

Pastorul Mihai ne-a invitat să mergem să ne spunem povestea la grupul său de casă, unde câțiva adulți se întâlneau să studieze Biblia împreună. Cei care au ascultat-o au fost mișcați până la lacrimi, iar bărbații îi mulțumeau fiului nostru pentru cum explica cât de minunat este Dumnezeu. Un bărbat l-a îndemnat să se facă predicator.

Am fost invitați să spunem povestea și la slujba de duminică. Ionuț a povestit fără rețineri totul despre parcursul său, și reuniunea ce urma să aibă loc. O doamnă, pe nume Mariana Constantin, și-a amintit că auzise de el, și-l văzuse bebeluș la știri, în 1995, în anul în care s-a născut. Văzuse acum douăzeci și patru de ani un articol din ziar, și un reportaj la televizor, despre un bebeluș care s-a născut fără labele picioarelor, și era convinsă că acel copil era fiul nostru! A întrebat dacă ar fi dispus să-și spună povestea în presă, de data aceasta ca adult. Era de părere că i-ar încuraja pe români să vadă puterea restauratoare a lui Dumnezeu.

Din respect pentru intimitatea familiei biologice a lui Ionuț, am hotărât să ne luăm timp să ne rugăm pentru asta. Eram încredințați că Dumnezeu ne va arăta ce să facem, dacă avea să vină vreodată momentul pentru asta.

Pastorul Mihai l-a invitat pe Ionuț să povestească duminica următoare despre reuniunea ce urma. Am lăsat invitația deschisă, în funcție de cum avea să decurgă, și la ce nivel va fi cu energia și emoțiile.

> *Lăudați pe Domnul, chemați numele Lui! Faceți cunoscute printre popoare isprăvile Lui!*
>
> —Psalmul 105:1

REUNIUNE DE FAMILIE

Cu două zile înainte de nuntă, mă simțeam extrem de binecuvântată, și am ieșit pe ușa casei lui Nico și Eugen pentru o plimbare, înainte să se trezească ceilalți. M-am îndreptat la stânga, și înspre drumul național aglomerat se aflau niște sere deosebite cu geranii, begonii, petunii, și multe alte înflorituri superbe, acoperind hectare întregi. Apoi m-am întors, și am depășit casa familiei Iordache, luând-o la vale. Am văzut ce case frumoase se aflau în spatele gardurilor—unele complexe, altele mai simple.

M-am oprit pe ici pe colo, să adun câte o pietricică frumoasă. Am observat un bărbat în vârstă, după un gard ce împrejmuia o grădină cu nalbe, pomi fructiferi, roșii, găini, și curcani. Oare de cât timp mă urmărea, trăgând din țigara lui, și zâmbind? Dacă aș fi vorbit românește, m-aș fi oprit să povestim puțin.

Când m-am întors, Nico pregătise un mic dejun extraordinar. Făcuse sandvișuri cu șuncă și cașcaval, salată de roșii, și o salată din fructe culese chiar din grădina lor. După ce ne-am înfruptat pe alese, ne-am împachetat lucrurile, să fim gata pentru drumul spre Huși.

Entuziasmul era în creștere, eram pe cale să facem parte din povestea pe care o scria Dumnezeu, o poveste pe care nu o puteam contura noi înșine. Stabilisem să ne întâlnim cu familia cu câteva zile înainte de nuntă, astfel încât în ziua nunții să poată beneficia sora lui de centrul atenției.

Familia Stoica a fost amabilă să ne facă tuturor rezervări la hotel în Huși. Drumul de două ore prin zonele pitorești ale regiunii Moldova a fost cu adevărat liniștitor, așa simplu cum era peisajul.

Înainte de prânz, Nico ne-a dus la cumpărături într-un mall nou. Magazinele erau mari, spațioase, și puternic luminate. Parterul era acoperit cu o gresie albicioasă, foarte strălucitoare, și înfrumusețat cu candelabre luminoase. Am găsit repede pentru Noot ceva elegant de îmbrăcat la nunta surorii lui. Eugen ne-a luat într-o Dacie cu șapte locuri, pe care o împrumutase pentru călătoria la Huși. Pe lângă că era un șofer bun, a făcut și pe ghidul turistic, și a făcut zeci de poze și filmulețe, imortalizând acest moment unic în viață.

Nico s-a întrecut pe sine însăși în pregătirea unui ultim prânz la masa ei. Ne-a servit cu friptură de pui, de porc, cartofi condimentați cu boia, broccoli, salată de fructe, și limonadă.

Eugen și Tavi au încărcat bagajele în mașină, iar Nico s-a așezat în rândul al treilea ca eu, Ron și Noot să putem sta unul lângă altul în spatele lui Eugen și Tavi. La 14:30 am plecat să aflăm răspunsurile la întrebările pe care Ionuț le-a avut de-a lungul anilor.

În doar câteva minute ne aflam pe drumul național, spre nordul țării, traversând văi și dealuri de terenuri agricole. Terenuri de floarea soarelui, grâu, și porumb se aflau în diferite etape de coacere. Fermierii lucrau cu utilaje antice, și cu un singur cal, ba chiar unii încărcau paiele la mână în grămezi, cu furca. Ciobanii care aveau grijă de oile lor mi-au amintit de Isus, Păstorul nostru. Nu era ceva neobișnuit să vezi câte o căruță trasă de cai, încărcată cu fân, paie, sau chiar oameni. Satele micuțe forfoteau de oameni care-și desfășurau activitățile zilnice.

Eugen ne-a anunțat că suntem în județul Vaslui, considerat cea mai săracă zonă din toată România. Hușiul se afla la granița de nord cu județul Vaslui, și se putea vedea de pe deal—venind din sud—un oraș de aproximativ 38.000 de locuitori. Priveliștea mi-a amintit de râpa Niagara din apropierea orașului Fond du Lac.

GPS-ul lui Eugen ne-a condus în inima orașului din vale, unde se afla Hotelul Cantemir. Familia Stoica fusese amabilă să ne ofere tuturor camere de hotel acolo. De îndată ce am parcat mașina, și ne-am dat jos să ne întindem picioarele, am fost întâmpinați de Andreea, Cristi, Carmen, Cătălin și Georgiana, o altă soră. Salutările și îmbrățișările au fost foarte călduroase, și ne-au lăsat pe toți cei prezenți fără cuvinte. Au curs lacrimi de bucurie și ușurare. Bucuria și dragostea erau limba pe care o aveam în comun cu toții.

După ce ne-am înregistrat la recepție, ne-am lăsat bagajele în camere, iar familia Stoica ne-a condus la un restaurant frumos, din apropiere, unde să ne cunoaștem mai bine, în timp ce serveam masa. Înainte de a mânca, am ridicat cu toții un pahar, să sărbătorim această reuniune miraculoasă. Erau așa de multe conversații, care se petreceau simultan, încât mi-a fost greu să le prind pe toate. Toți păreau așa de bucuroși să se afle acolo, și aveau multe de discutat.

Tavi i-a tradus lui Ionuț că fusese iubit și dorit foarte mult. Am aflat și cât de mult li s-au frânt inimile când un preot ortodox i-a sfătuit să îl dea în plasament, în speranța că va avea o viață mai bună dacă va fi adoptat. Condițiile de trai din zona lor la vremea respectivă nu erau de așa natură încât să poată găsi și achiziționa echipament medical și proteze corespunzătoare pentru el. Carmen fusese adoptată la rândul ei, și lucrase ca asistent social, așa că înțelegea foarte bine această decizie sfâșietoare.

La un an după ce l-au născut, au fost binecuvântați și cu o fetiță,

Andreea. Însă naşterea a fost grea, iar lui Carmen i s-a spus că pe viitor nu va mai putea să nască fără complicaţii. Câţiva ani mai târziu au adoptat-o pe Georgiana. Iubeau copiii, şi sufereau după renunţarea la fiul lor. A fost modul lor de a-şi extinde familia, şi de a face şi ei ceva, cum şi alţii au făcut pentru ea.

Ionuţ a devenit, peste noapte, parte din familia lui de origine. Urma să descopere cât de mare şi iubitoare era acea familie. Cât despre mine, m-am simţit onorată şi binecuvântată să am un rol în această poveste a dragostei lui Dumnezeu, care restaurează şi reconciliază. Acum nu mai urmăream un miracol din primul rând, ca în toţi acei ani când lucram la Bethany. Acum aveam onoarea de a juca în poveste.

Ştim că toate lucrurile lucrează împreună spre binele celor ce iubesc pe Dumnezeu, şi anume spre binele celor ce sunt chemaţi după planul Său.

—Romani 8:28

ANUNȚUL LUI IONUȚ PE REȚELELE DE SOCIALIZARE

Noot a postat mai multe poze, și acest mesaj pe social media:

"Salutări din România. Mulți dintre voi știți de mult că sunt adoptat. Mulți dintre voi, de asemenea, știți de mult că îmi doream să-mi găsesc familia biologică în România. Am zburat spre România pe 7 iulie cu intenția de a mă reuni cu sora mea, Andreea-Simona Stoica, cu ocazia cununiei ei cu Cristi Andrieș, de duminică, cu ajutorul lui Dumnezeu. A Lui să fie toată slava! Astăzi, 11 iulie 2019, pot să spun cu bucurie că mi-am lărgit familia. M-am reunit cu familia biologică. Sunt mândru să mă numesc membru al familiei Stoica-Kuhls. Mulțumesc tuturor pentru sprijinul oferit mie, și familiilor mele de-a lungul timpului. Nu am fi reușit fără ajutorul vostru. Acesta este doar începutul unei călătorii extraordinare. În mod special, mulțumesc lui Barbara Kuhls, Ronald Kuhls, Cătălin și Carmen Stoica, Aaron Kuhls, și altora, pentru că au făcut posibilă această călătorie, de la deplasare, la cazare, traducere, și altele. Nimic nu este la întâmplare, toate ne fac mai puternici, atât individual cât și împreună! Niciodată să nu subestimați puterea adopției!"

Spre surpriza lui, postarea a primit 66 de comentarii, și 381 de aprecieri de la urmăritori.

Ce vă spun Eu la întuneric, spuneți la lumină, și ce auziți șoptindu-se la ureche, proclamați de pe acoperișuri.

—Matei 10:27, NTR

PRÂNZUL LA FERMĂ

Familia Stoica a lui Ionuț ne-a invitat să luăm masa la casa lor de la țară, cu o zi înainte de nuntă. Ne-am simțit onorați și binecuvântați, și ne-am bucurat de drumul de jumătate de oră până la ferma lor. Eugen conducea pe lângă lanuri de floarea soarelui, vii, sătucuri mici, și iarăși pășuni, iar Ionuț mi-a spus încetișor observațiile lui despre contrastul dintre tărâmul lui, oamenii și cultura, și lucrurile cu care se obișnuise crescând în Wisconsin. Le înțelegea și le aprecia pe amândouă.

Când Eugen a ieșit de pe drumul asfaltat ca în secolul douăzeci și unu spre un drum mic, de pietriș, eu m-am uitat la Ron și el la mine, amândoi având parcă un semn de întrebare în ochi. S-a transformat imediat într-un drum la deal, de țară, pe unde ar fi încăput cel mult un tractor, spre o fermă tipic românească. Mai sosise încă o mașină, și doi români de vârstă mijlocie s-au dat jos, și vorbeau tare cu locuitorii fermei. Carmen și Cătălin ne-au întâmpinat, bucuroși să-și mai îmbrățișeze fiul încă o dată, și cu toții am simțit primirea lor călduroasă.

Era o zi toridă de iulie, și în loc să intrăm în casă, am fost conduși pe prispă. Acolo ne aștepta o masă lucrată manual, extrem de lungă, acoperită cu o față de masă cu model cu trandafiri, și vesela din porțelan, pregătită pentru prânz. Nico mi-a făcut semn să o urmez între masă și balustrada prispei, unde ne-am așezat pe o bancă îngustă, acoperită cu o pătură. Ron ne-a urmat, așezându-se lângă mine pe banca lucrată manual. Eugen ne-a urmat și el, discutând în română, căci încă se făceau prezentările. Când s-a așezat și el, banca a început să pârâie, și cu toții am sărit imediat și am bufnit în hohote de râs. Cătălin și vărul lui au înlocuit imediat banca cu una identică din curte, în timp noi încă ne prăpădeam de râs. Eugen a refuzat să se mai stea pe banca cea nouă, și s-a așezat pe un scaun, de partea cealaltă a mesei, cu râsetele noastre pe fundal.

Cătălin ne-a adus imediat tot felul de băuturi, și cu toții am ridicat un pahar în cinstea acestei extraordinare reuniuni. În timp ce mai soseau și alți oaspeți, membri de familie, nouă ni s-au adus alune și gustări, dovadă a desăvârșitei ospitalități a românilor. Au apărut rapid și platourile cu iepure și cartofi la cuptor, și castraveți murați, și au dispărut la fel de rapid, pe măsură ce noi serveam, povesteam și râdeam. Silvia, soția lui Cătălin, adusese un desert din București, unde locuiesc ei.

Înainte să terminăm de mâncat, au ajuns și Andreea, Cristi și Georgiana de la Huși, unde mai avuseseră de aranjat ultimele detalii înainte de nuntă. Am reușit să comunicăm cu ajutorul lor, și al lui Tavi, încercând să completăm din golurile istoricului lui Ionuț.

După prânz, Cristi ne-a invitat să-i vedem iepurii. Acolo am văzut partea terestră a fermei, în timp ce el ne arăta mândru cotețele pline cu iepuri adulți, și cu puii abia născuți. A deschis unul dintre cotețe, a băgat mâna înăuntru, și i-a întins lui Ionuț un iepure mare, să-l țină, și să-l mângâie. Acest lucru mi-a adus aminte de fratele meu, care creștea iepuri pentru carne când eram mică. Găinile ciuguleau pământul de la picioarele noastre după insecte, și împrăștiau grăunțele.

Silvia, mătușa biologică a lui Ionuț, a servit cafeaua pe prispă, și acolo am avut onoarea să o cunoaștem pe bunica lui în vârstă. Nu-și putea lua ochii de la el, și l-a ținut de mână o bună bucată de vreme, în timp ce se uita aprobatoare în ochii săi. Am salutat-o și eu, limba nu a fost o problemă, am comunicat prin îmbrățișări, zâmbete, și din priviri.

După ce am făcut multe poze, și ne-am luat rămas bun de mai multe ori, am plecat, știind că mai au multe de făcut înainte de ziua cea mare a Andreei și a lui Cristi. Noi ne-am îndreptat spre nord, spre Iași, unde se născuse Ionuț.

Ca să știi unde să te duci, este important să știi de unde vii. Carmen și Cătălin locuiau în Iași la vremea nașterii lui Ionuț. N-am reușit să localizăm spitalul, iar orfelinatul nu mai exista, dar cel puțin ne aflam în orașul în care se născuse. Am vizitat parcul central, pe unde îl plimbasem în căruț cu Gabi în 1998. Amintirile noastre erau iarna, așa că a fost frumos să vedem același parc, dar cu copaci înfloriți de această dată, și cu umbră bogată, în acea zi de vară. Aleile și statuile ne erau cunoscute tuturor.

După încă puțin vizitat, și câteva cumpărături, am luat cina la un restaurant foarte elegant, numit La Cupola, în cadrul unul mall de peste drum. Am punctat contrastul dintre decorul de la prânz și cel de la cină. Cu toții am căzut de acord că atmosfera degajată, de familie, de la prânz, câștiga detașat. Apoi ne-am bucurat de un drum lung și liniștit cu mașina înapoi spre Huși, la apus, când fiecare s-a cufundat în gândurile sau oboseala sa.

Nu este alt bine pentru om decât să mănânce, să bea și
să-și sature sufletul cu tot ce este bun din agoniseala lui.
Am înțeles că și aceasta vine din mâna lui Dumnezeu.

—Eclesiastul 2:24

ZIUA NUNȚII

Am văzut de la ferestrele camerei noastre de hotel cum Cristi și prietenii lui își ornau mașinile cu flori și voal liliachiu. Eugen l-a dus pe Ionuț înapoi la ferma familiei Stoica, unde începeau ritualurile ortodoxe de dinaintea nunții. Eugen ne-a trimis un filmuleț, ca să putem vedea și noi puțin din distracție, totul fiind foarte nou pentru noi, americanii.

Nuntașii au sosit la poartă, iar lui Cristi i s-a cerut să plătească înainte de a intra. Apoi a înaintat pe alee însoțit de prietenii lui, și a trebuit să dea bani din nou înainte să poată să-și vadă mireasa. Mătușa ei, Silvia, era la intrare strigând să dea și mai mulți bani! În timpul acesta, muzicienii cântau la saxofon și acordeon, acompaniind festivitățile cu muzica lor veselă. Odată ce le-a făcut pe plac și a plătit, au adus mireasa, purtând un voal de dantelă din creștetul capului până la umeri, deasupra rochiei de mireasă. Muzica a continuat, iar voalul odată ridicat, a dezvăluit un băiat îmbrăcat în rochie de mireasă. Toți au bufnit în râs, în timp ce acordurile muzicii de sărbătoare au continuat.

Ionuț a fost întâmpinat acolo de mulți alți verișori, unchi și mătuși, și bunicii din partea tatălui. Au servit gustări, și au ciocnit pahare în cinstea acestei sărbători, atât a unei nunți, cât și a unei reuniuni.

După prânzul nostru liniștit cu Nico și Tavi, Ron și cu mine ne-am îmbrăcat de nuntă. Eugen și Noot s-au întors la timp să ne ducă pe toți la biserica ortodoxă, la cinci minute distanță. Am ajuns ultimii, și am rămas surprinși să vedem că se stătea în picioare în acea clădire micuță. Cei patru preoți începuseră deja cântatul, în vreme ce toți ceilalți erau întorși cu fața spre ei, și spre altar, inclusiv mireasa, mirele, părinții, și nașii.

Andreea era o mireasă superbă de-ți tăia respirația. Cu toții erau îmbrăcați frumos, însă ea îi întrecea pe toți. Ținea în mână o lumânare albă, înaltă, ornată cu un buchet elegant de trandafiri roșii, și camelii albe. Corsetul de dantelă, și mânecile scurte ale rochiei ei, continuau cu o fustă lungă de mătase, cu dantelă suprapusă. I se citea dragostea în ochii, de data aceasta, fără ochelari.

Unul dintre preoți a așezat coroane de aur pe capetele Andreei și al lui Cristi, în timp ce recita ceva. Au continuat să cânte și să recite toată slujba, și când și-au dat inelele, și într-una tămâiau din cădelniță peste tot. Georgiana a fost nevoită să iasă afară pentru o gură de aer proaspăt, deoarece i-a făcut rău mirosul de tămâie arsă, în aerul închis dinăuntru.

Un alt preot a servit împărtășania invitaților. La momentul acela, ne așteptam ca mirele și mireasa să se sărute, și să ieșim din biserică. Spre surpriza noastră, însă, preoții s-au luat de mâini, împreună cu mirii și nașii, și s-au învârtit în cerc în jurul altarului, în timp ce preoții cântau. A urmat un mesaj scurt adresat cuplului, în timp ce s-au servit prăjiturele și pahare cu suc celor câtorva invitați rămași. Statul în picioare timp de peste o oră, în acea cameră mică, și fără aer condiționat, i-a făcut pe mulți dintre oaspeți să se îndrepte afară.

Fotografii profesioniști surprindeau înăuntru toate momentele evenimentului mirilor. Făceam și noi poze, împreună cu alți membri de familie și invitați, cu telefoanele noastre, ca să avem o amintire de la acest prilej de bucurie. Majoritatea dintre noi eram deja afară, și ne pozam, printre conversații și schimb de îmbrățișări.

Când mirii au ieșit din biserică au fost aruncate două găleți de apă pe alee, pe unde aveau să pășească, pentru a le ura binecuvântare. Au urmat felicitări și socializare, până când ne-am urcat cu toții înapoi în mașini, să plecăm. Aveam o pauză de câteva ore înainte de recepția din acea seară. Ce nu ne spusese nimeni nouă, însă, era că toate doamnele aveau să-și schimbe rochiile lor frumoase cu unele încă și mai elegante. Cum eram obosiți, și copleșiți de hiperstimulare senzorială, am tras un pui de somn.

Ne-am întâlnit cu familia Iordache în foaierul hotelului înainte să plecăm. Eugen vorbea cu câțiva din familia lui Cătălin. Soția fratelui său, și încă un cuplu veniseră tocmai din Norfolk din Anglia, unde locuiau. Ea voia să-i arate o poză lui Ionuț. O poză cu o doamnă pe care o cunoștea, care lucrase la Sf. Parascheva pe vremea când fusese și el acolo. După ce a aruncat o privire scurtă, și-a adus imediat aminte de ea. Dumnezeu a avut grijă să fie îngrijit de persoane sufletiste, care s-au rugat pentru viitorul lui cât a stat acolo.

Restaurantul unde avea loc recepția se numea Complex Restaurant Omnia, și era aproape, așa că am mers pe jos. Evenimentul începea la 8, și cu toate că am ajuns mult după ora respectivă, am fost primii sosiți! La intrare, chelnerii ne-au oferit pahare de șampanie pe care să le ridicăm în cinstea mirilor, când vor intra. Cristi ne-a condus cu căldură la masa unde stăteau și părinții Andreei, cu toate că mai mult au stat în picioare, salutând pe toată lumea, decât au stat la masă. Restaurantul și mesele erau decorate extrem de elegant. Mesele pregătite cu porțelanuri, sucuri și băuturi diverse, și platouri cu picior, pline cu fructe, alune, dulciuri, chifle, brânzeturi, și alte aperitive extravagante.

Muzica a cuprins o varietate de cântece americane, adesea întrerupte de o melodie folclorică foarte tare, care anunța că au mai sosit invitați. Când începeau saxofonul și acordeonul, mirii se opreau imediat din dansat, și se îndreptau spre ușă, să-i primească pe musafirii nou sosiți. Acest lucru s-a repetat până când au ajuns și ultimii invitați.

La ora 22:00 s-au servit aperitivele. Sărbătoarea a continuat cu muzica romantică pe care mirii au avut primul dans, în timp ce toți îi priveau pe ei, și spectacolul de fum și lumini. Apoi s-a pus muzică mai vioaie, și li s-au alăturat și alte cupluri îmbrăcate elegant, pe ringul de dans.

În acest timp, Ionuț era prezentat în continuare diferitelor persoane din familia lărgită, sau prieteni, care i-au oferit îmbrățișări calde. I se pătaseră umerii cămășii sale albe de la machiajul doamnelor, curs din cauza lacrimilor de fericire.

Deși petrecerea avea să continue toată noaptea, noi ne-am pregătit să ne luăm rămas bun. În cultura românească despărțirea dura mult, și presupunea zeci de poze și îmbrățișări. Târziu după ora 23, am pornit înapoi spre Hotelul Cantemir, având inimile mult prea pline pentru a realiza cât de obosiți eram. Ionuț nu și-a putut ascunde încântarea. Să-l vezi pe fiul tău cu inima plină este un vis împlinit pentru orice mamă.

Iubiți-vă unii pe alții cu o dragoste frățească.

—Romani 12:10

MĂRTURIE LA ADUNARE

Ne înțelesesem în seara precedentă să fim cu toții la mașină la 6:30 dimineața, gata de plecare spre Galați. Pe la 7:30 ne-am oprit într-un orășel să luăm cafea, și niște gustări. Procesam împreună cele petrecute în ziua nunții, și râdeam despre lucrurile pe care nu le înțelesesem. Mai mult decât orice, am fost mulțumitori că Ionuț—și noi toți—am fost primiți cu atâta căldură.

Unii au adormit, alții s-au uitat pe geam, cât timp Eugen a condus rapid pe drumurile de țară șerpuite, hotărât să avem suficient timp să facem duș și să mâncăm, înainte de a merge la slujba de la biserică, la ora 11. Încă o dată, m-au fermecat peisajele, sătucurile, și locuitorii lor. Ne-am găsit și într-un fel de blocaj în traficul rural. Fix când Eugen depășea o mașină, un câine a țâșnit, în timp ce au apărut și un pieton și un biciclist. A claxonat, ca să-l avertizeze pe un sătean să nu se înscrie și el în trafic cu căruța cu cai.

Când a început să picure, deja nu-mi mai puteam ține ochii deschiși. Când m-am trezit, câteva minute mai târziu, am recunoscut străzile Galațiului. Eugen, mulțumit, a tras pe strada lor la 9:30 dimineața. Nico ne-a pregătit rapid un mic dejun corespunzător, în timp ce noi, ceilalți, ne-am schimbat.

Știind că suntem americani, Nico ne-a făcut rost de căști, ca să putem asculta slujba tradusă printr-un dispozitiv. Rugăciunile au fost împletite cu muzică splendidă de închinare, mi-a dat sentimentul că eram înconjurată de un cor de îngeri. Pastorul Mihai le-a urat bun venit musafirilor, inclusiv nouă, după care l-a invitat pe Ionuț la microfon.

Ionuț a povestit întâmplările din ultimele câteva zile, în timp ce Mihai traducea. Cum ne obișnuise, nu avea emoții să vorbească la microfon, și a punctat limpede și succint aspectele importante. Toți din adunare au rămas tăcuți în timp ce ascultau, și își ștergeau lacrimile de mirare la adresa unui Dumnezeu atât de iubitor. Ionuț a fost salutat și îmbrățișat cu căldură de toată lumea. A primit multă dragoste, și încurajări să continue să-și spună povestea. Unii l-au îndemnat să intre în lucrare și să predice, spunând tuturor despre dragostea lui Dumnezeu.

Cât despre părinții lui americani, noi am fost tratați mai bine decât meritam. Oameni cu obraji umezi ne-au binecuvântat, îmbrățișându-ne și pupându-ne. Cred că nici părinții vedetelor nu sunt așa de admirați, și flatați cu atâta căldură. Chiar dacă vorbeam limbi diferite, ni s-a transmis că suntem considerați niște eroi, și că eram bineveniți oricând. Atât nunta din familie, cât și această primire, păreau o anticipare a primirii noastre în casa eternă a Tatălui nostru.

Toată mulțimea a tăcut și i-a ascultat.

—Fapte 15:12

CREZÂND INCREDIBILUL

din partea familiei Stoica

M-am gândit că cititorii ar fi interesați să afle perspectiva familiei biologice a lui Ionuț, și am obținut sprijinul lor pentru această carte. Mai jos se găsesc răspunsurile lor la întrebările pe care le-am adresat prin Tamara Neacșu, traducătoarea noastră.

Spuneți-ne ce părere ați avut când ați aflat despre Ionuț, când a contactat-o pe Andreea pe rețeaua de socializare.

În momentul în care Andreea a venit să ne anunțe că a fost contactată de un băiat care i-a cerut informații despre nașterea lui, gândurile noastre au zburat către Ionuț. Am fost în stare de șoc emoțional câteva săptămâni, nu ne venea să credem—cum era posibil ca după atâta timp Ionuț să fie în viață, luând în considerare șansele care i s-au dat la spital, și cum a fost posibil să se găsească prin intermediul rețelelor de socializare?

Am vrut să luăm legătura cu el, dar sentimentele de remușcare erau în creștere. Nu știam ce am putea să-i spunem; nu știam cu ce să începem, și cum să exprimăm tot ceea ce simțeam. Ne bucuram că Ionuț trăiește, că este bine, dar și că exista o posibilitate ca frații să se întâlnească, și să se cunoască între ei.

Ne gândim și acum, și îi mulțumim lui Dumnezeu că a făcut posibilă această întâlnire. Suntem profund recunoscători pentru posibilitatea care ne-a fost oferită, aceea a unui nou început.

Ați avut emoții să-l invitați pe el și familia lui americană la nunta Andreei, împreună cu familia lărgită, și toți prietenii care veneau?

Am avut emoții, câteva nopți nu am dormit. Stăteam și vorbeam în fiecare zi, nu știam cum va fi întâlnirea, am făcut o mulțime de scenarii. Am vrut să le oferim din ce aveam mai bun.

Au fost două evenimente cu un puternic impact emoțional. Bariera lingvistică a îngreunat lucrurile, deși, chiar dacă am fi reușit să comunicăm în limba noastră maternă, nu știm cum am fi reușit să îi transmitem regretele, golul care a rămas în tot acest timp, incertitudinile cu care ne-am confruntat, remușcările pe care le-am avut în toți acești ani.

Deschiderea lui Ionuț și a familiei sale ne-a impresionat profund, căldura și dragostea cu care ne-au tratat, și modul în care au gestionat decizia pe care am luat-o. Faptul că am primit înțelegere, compasiune, și dragoste din partea lor ne-a atins profund.

Descrieți cum a fost să-l vedeți în sfârșit, și să-l îmbrățișați din nou.

În momentul în care l-am îmbrățișat, am izbucnit efectiv în lacrimi, nu ne-a venit să credem că, după atâta timp, am avut ocazia să ne îmbrățișăm copilul, nu există cuvinte pentru a descrie bucuria pe care am simțit-o. A fost cel mai frumos sentiment, a fost acel sentiment pe care l-am avut când l-am ținut în brațe la naștere. Am simțit că, în sfârșit, o parte din răni se vindecau, și că Dumnezeu pregătea în sfârșit ceva bun pentru noi.

Ce gânduri ați avut despre el de-a lungul anilor?

Au fost ani de incertitudine, de remușcări. Au fost momente în care am încetat să mai cred că ar exista posibilitatea ca Ionuț să trăiască. De fiecare dată când mă uitam la o familie cu copii, cu frați și surori, simțeam un gol în stomac și un nod în gât. Faptul că Ionuț ne-a găsit după atâția ani nu poate fi altceva decât un miracol.

Spuneți-ne despre adopția Georgianei.

Ne-am dorit foarte mult ca Andreea să aibă o surioară, așa că s-a născut dorința de a adopta. După nașterea lui Ionuț, și problemele cu care ne-am confruntat, am căzut în depresie; a doua sarcină a fost cumva inconștientă, dat fiind faptul că născusem prin cezariană și aveam nevoie de odihnă pentru o a doua sarcină (Ionuț s-a născut pe 27 ianuarie 1995, iar Andreea pe 16 iunie 1996, diferența dintre sarcini fiind extrem de mică, și riscul destul de mare).

Întâmplările petrecute cu Ionuț—dar și faptul că eu însămi am fost adoptată—ne-au determinat să adoptăm un copil, pentru a încerca să umplem o parte din golul existent.

Poți să ne descrii cum arăta munca ta în domeniul adopțiilor, Carmen, în calitate de tânăr adult?

Pentru a intra în sistem, a trebuit să parcurg un ciclu de școlarizare, să urmez câteva cursuri, precum și o evaluare psihologică, atât pentru mine, cât și pentru membrii familiei. Vreau să cred că am intrat în acest domeniu pentru a găsi un refugiu, pentru a găsi liniște sufletească, și pentru a simți că fac ceva util pentru comunitate.

Întotdeauna mi-am dorit o familie mare, mulți copii. Întotdeauna am apreciat și am privit cu o oarecare invidie la familiile mari, bine închegate. Faptul că am reușit să creez legături cu un copil care nu este sânge din sângele meu m-a ajutat să mă redescopăr ca ființă umană, ca femeie, și nu în ultimul rând ca mamă.

Ați fi dispusă să scrieți puțin despre sfaturile pe care le-ați primit cu privire la decizia sfâșietoare de a-l da pe Ionuț spre adopție?

În momentul în care Ionuț s-a născut, iar medicii au luat contact cu micile lui deficiențe, au început să facă o mulțime de teste și experimente pe el. Din nefericire, nu am avut ocazia să petrecem mult timp cu el. Ionuț a fost ținut în spital după ce noi am fost externați, pentru alte investigații, și ni s-a interzis să-l vizităm. După săptămâni petrecute în spital, și o serie de teste, am fost informați că Ionuț va fi trimis într-un centru de plasament, și că cel mai bine ar fi să mergem să semnăm actele de adopție.

Nu suntem mândri de decizia pe care am luat-o, dar în momentul în care am semnat acele hârtii, am crezut că îi putem oferi o șansă la un viitor mai bun, la o viață normală. Din păcate, am luat decizia de a-l da pe Ionuț spre adopție și sub presiunea familiilor (a soțului meu și a mea). Nu am avut sprijinul lor, și nu au reușit să ne îndrume să luăm o altă decizie.

Suntem conștienți că soarta lui Ionuț ar fi putut fi *cu totul alta*, dar, din fericire, Dumnezeu a fost generos cu el, i-a dat o familie în care a avut ocazia să se dezvolte, să învețe ce înseamnă iubirea, iertarea, recunoștința, și smerenia.

> *Noi știm că toate lucrurile lucrează împreună*
> *spre binele celor ce-L iubesc pe Dumnezeu, al*
> *celor ce sunt chemați în acord cu planul Său.*
>
> —Romani 8:28

DIN NOU LA O'HARE

Cu șase zile înainte de Ziua Recunoștinței în 2019, Ionuț lucra pe un post de operator telefonic la un centru de relații cu clienții. S-a năpustit în casă încântat, anunțându-ne că a fost chemat pentru instruire la Aeroportul Internațional O'Hare a doua zi! Apelul mult așteptat i-a urcat entuziasmul la nivelul ZECE.

Avea puțin timp la dispoziție să predea cartela și echipamentul la compania Spectrum, și să-și facă planurile de călătorie spre Chicago, din Fox Valley, Wisconsin unde locuiam noi. Citind email-ul cu detaliile pentru locul de muncă, a observat că se cerea ținută formală. Știam că asta însemna cămăși albe, cravate, pantaloni negri, geacă sport, și pantofi negri, deci a fost efort de echipă să facem rapid pregătirile necesare.

În timp ce Noot și-a strâns lucrurile pe care trebuia să le înapoieze la Spectrum, eu am făcut inventarul curent al garderobei, și am aflat ce-i lipsea. Am sunat și niște prieteni români care locuiesc în Chicago. Am început să-i povestesc Deliei situația, menționând că nu știm unde să găsim o cazare temporară, până când va găsi un apartament de închiriat. Înainte să apuc să întreb, a anticipat direcția conversației. "Poate să stea la noi", a declarat ea. Apoi au urmat și detaliile despre adresă, loc de parcare, și altele.

Noot și-a pus o cantitate considerabilă de rufe la spălat, apoi s-a dus cu mașina lui Honda CRV la sediul Spectrum, să-și predea lucrurile. Eu am pornit în viteză la cumpărături, înarmată cu toate mărimile lui. Ron a făcut ce știe să facă cel mai bine atunci când e singur acasă—să se gândească, și să se roage.

Hainele lui Noot erau deja în uscător când ne-am întors fiecare. Am rupt etichetele de la hainele noi, și le-am aruncat și pe ele rapid la spălat. Trebuia să calc și cămășile, și să calc niște petice de întăritură pe interiorul cracului pantalonilor. Fără acestea, i s-ar fi destrămat pantalonii pe dedesubt, de la agățatul constant în genunchiul protezei.

La acel moment din amiază, Ron încerca să hotărască la ce oră să plece cu Noot spre aeroport, intenționând să plece de acasă pe la 4 dimineața, ca să ajungă să-l lase accolo în jurul orei 8 dimineața (luând în calcul traficul). I-am auzit discutând despre asta, și nu mi-a plăcut. Da, soțul meu este un șofer desăvârșit, cu mulți ani de experiență la drum lung, însă mă îngrijora ora. Nu-mi plăcea nici planul fiului meu, ca el să conducă în acea noapte. Și el era un șofer bun, și conducea prudent, însă condusul la drum lung și așteptatul în trafic intens este foarte obositor pentru picioarele lui cu proteze. Nu așa se începe la un loc de muncă nou, și nu așa te prezinți pentru prima impresie.

În timp ce ei dezbăteau, eu i-am scris fiului nostru cel mare, Aaron, că-l rog să vină și să ne ajute să găsim o soluție. A sosit calm câteva minute mai târziu, și a rezolvat-o. "Eu trebuie să livrez ceva mâine în Milwaukee. Îl duc pe Noot acasă la Delia, ca să-și lase bagajul. Apoi îl duc la aeroport. Și pot să-mi duc livrarea la Milwaukee pe drumul de întoarcere."

BAM! Problemă rezolvată. Am pregătit cina și am terminat de

împachetat bagajul lui Noot. Este laborios să faci bagaje cu o singură mână, şi îmi doream mai degrabă să se odihnească. Totuşi erau şanse slabe să doarmă bine, având în vedere cât de entuziasmat era. Ron s-a simţit puţin uşurat că s-a oferit Aaron să conducă, luând în calcul cât de devreme ar fi trebuit să plece, iar lui nu-i place să se trezească devreme. Ne-am rugat împreună. Apoi, din confortul patului nostru, l-am auzit pe Aaron când a ajuns, şi cei doi au plecat cu mult înainte de răsăritul soarelui.

Ionuţ lucrează în continuare în industria aeronautică, deservind clienţii şi angajaţii cu cel mai înalt grad de profesionalism. A lucrat pentru companiile American Airlines, Envoy, şi United. Beneficiul lui preferat din pachetul de salariu este, bineînţeles, cel al călătoriilor gratuite last minute (când există un loc care nu s-a vândut la un zbor anume). Adesea vizitează alte aeroporturi şi oraşe ca să exploreze, sau să se întâlnească cu prietenii. Visului lui este să revină în România, şi să petreacă mai mult timp cu familia Stoica, în speranţa că se vor ridica vreodată restricţiile de călătorie de după pandemie. În prez-ent se ocupă cu planificarea personalului de zbor pentru zborurile interne. Fiţi în aşteptare împreună cu noi, să vedem unde îl va mai duce Dumnezeu în viitor.

Înţelepciunea celui chibzuit îl ajută să-şi înţeleagă calea.

—Proverbe 14:8

MESAJ DE LA AUTOR

Trimite-mă

1981. Finalizarea unei educaţii în asistenţă medicală este provocatoare pentru marea majoritate a studenţilor. Find deja căsătorită, şi mamă de doi preşcolari, a fost cu atât mai dificil pentru mine, însă am reuşit. Deja copiii mei aveau nouă şi şapte ani, erau toată ziua la şcoală, iar noi ne stabileam ca fermieri de lapte pe 32 de hectare în judeţul Fond du Lac. Soţul meu, Ron, crescuse la fermă şi era foarte muncitor, aşa că ştia ce e de făcut.

Făceam ce puteam la fermă, dar cel mai benefic pentru familie a fost capacitatea de a câştiga un ban în plus lucrând ca asistentă. După ce am lucrat un an în departamentul de chirurgie medicală, am prins jobul visurilor mele la maternitate, asistând la naşterea bebeluşilor. Ştiam că sunt martoră la un miracol de fiecare dată când venea pe lume câte unul dintre acei micuţi, şi trăgea prima gură de aer pe acest pământ. Am învăţat foarte multe despre unicitatea fiecărei noi creaturi ajutându-le pe noile mame să reuşească să-i alăpteze. De asemenea am învățat să apreciez calitățile fiecărui părinte sau frate care făcea cunoștință cu noul membru al familiei.

Mulți sărbătoreau noua viața din familia lor. În același timp, erau și mulți care jeleau viața scurtă a celui pe care l-au așteptat, și la care au visat. Vedeți voi, nu toți bebelușii supraviețuiesc nașterii, sau perioadei imediat următoare. Unii se nasc prematur, și nu reușesc să supraviețuiască, nici dacă au parte de cea mai bună tehnologie și îngrijire medicală. Alții au anomalii severe, care îi împiedică să trăiască prea mult. Alții, cu anomalii mai puțin severe, vor avea dificultăți toată viața, la care părinții nu se așteptau. Odată, am avut grijă de un bebeluș care s-a născut cu anencefalie, căpușorul lui mic nu avea creierul format complet, și avea doar piele (fără craniu) care să-i protejeze interiorul capului. Viața lui scurtă a atins pe mulți, în timp ce familia și angajații au făcut tot ce s-a putut pentru a-i oferi îngrijire. Frații au venit în vizită la noul lor frățior, l-au ținut în brațe, au făcut poze cu familia, înainte de despărțirea tristă și prematură.

L-am ținut în brațe până când și-a dat ultima suflare, și l-am purtat spre morgă cu șiroaie de lacrimi care-mi curgeau pe obraji. M-am întrebat despre nedreptatea de a jeli pierderile acelor sarcini, în timp ce în alte locații, alții întrerup intenționat sarcini prin avort.

În acest sezon al vieții am devenit tot mai serioasă în umblarea mea cu Hristos.

Îmi luasem un angajament, de a citi toată Biblia într-un an sau mai puțin. Cititul unui pasaj zilnic m-a ajutat să mă gândesc la Dumnezeu adesea, și m-am regăsit cerând de la El răspunsuri pentru întrebările grele.

Cum se poate ca unii să își omoare bebelușii intenționat, în timp ce alții tânjesc să aibă unul, și sunt sfâșiați de durere când al lor moare din cauze naturale?

Am început să înțeleg că în lume există și bine și rău. Toată lumea vrea să definească individual ce este bine și ce este rău. Învățam că nu era locul nostru să decidem asta, ci doar al lui Dumnezeu. El vorbea serios când i-a dat lui Moise cele Zece Porunci, dintre care face parte și "Să nu ucizi". Formulările eufemiste din prezent despre avort nu sunt decât o iluzie pentru a justifica uciderea unuia care încă nu s-a născut. Am ajuns să înțeleg profund că avorturile elective sunt crimă asupra vieții omenești.

Am simțit o chemare personală, un mandat, dacă vrei să-i spui așa, citind profetul Isaia

> *Apoi am auzit glasul Stăpânului întrebând:*
> *"Pe cine să trimit? Cine va merge pentru Noi?"*
> *Eu am zis "Iată-mă. Trimite-mă!"*
> *El a zis: "Du-te și spune-i acestui popor"*

—Isaia 6:8–9

Am crezut că El îmi vorbea să fiu o voce pentru cei fără glas, să mă fac auzită în locul celor care nu pot fi auziți.

Înainte să încerc să mă fac auzită, m-am hotărât să mă informez cu tot ce puteam găsi despre practicile adopției, date, statistici, și metode. De asemenea, am citit tot ce am găsit care filosofa atât justificând, cât și condamnând avortul. Nu mi-am limitat cercetarea la informații religioase. Am mai citit și tot ce s-a găsit despre informațiile științifice și legale. Am fost îngrozită să descopăr că diverse confesiuni religioase au elaborat o retorică pentru a apăra această practică detestabilă. Citirea Bibliei mi-a oferit perspectiva de care aveam nevoie să pot discerne adevărul de justificări și raționalizări eufemiste. Experiența din viața reală, de la maternitate, mi-a solidificat concluziile.

În curând au apărut și oportunitățile de a mă face auzită. Privind în urmă, mă întreb dacă acelea au fost teste ca să văd dacă m-aș califica să mai cresc încă un copil—o *ființă foarte specială*. Viețile noastre au fost binecuvântate și îmbogățite de Ionuț Georgian Stoica mai mult decât aș putea descrie vreodată. Am întâlnit atât de mulți oameni minunați, care, de altfel, ar fi rămas niște străini, dacă ne-am fi continuat viața în zona noastră de confort, trăind răsfățați în cuibul nostru gol. Binecuvântările întrec peste măsură orice sacrificiu aparent. Într-o zi, el își va spune propriile povești, care acum încă se scriu. Dumnezeu este cel care scrie și povestea ta. Străduiește-te să te prezinți în fața propriilor tale oportunități ca să învingi provocările vieții.

*N-am fost neascultător față de vedenia cerească.
Însă până în ziua de azi am primit ajutor de la
Dumnezeu și stau aici depunând mărturie atât
înaintea celor mici, cât și înaintea celor mari.*

—FAPTE 26:19, 22

CARTEA ADOPȚIEI

Puterea unui vis

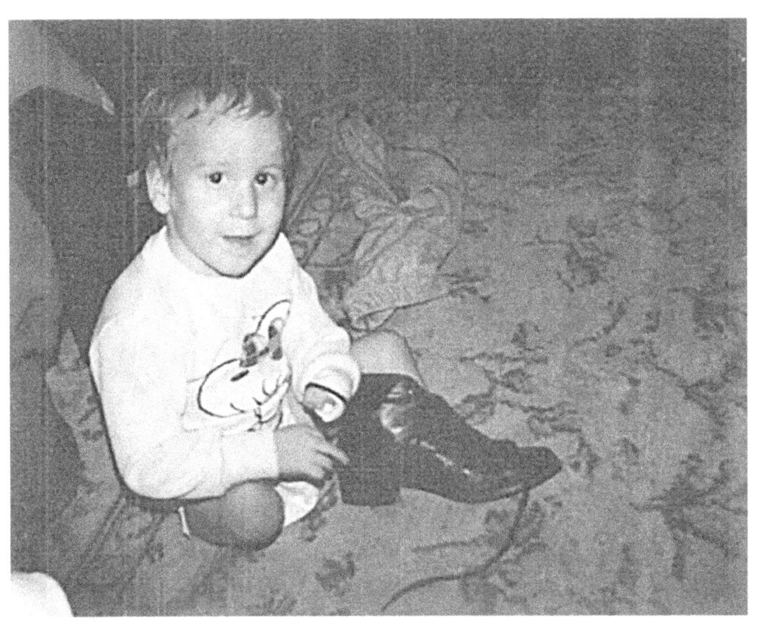

Pantoful mamei

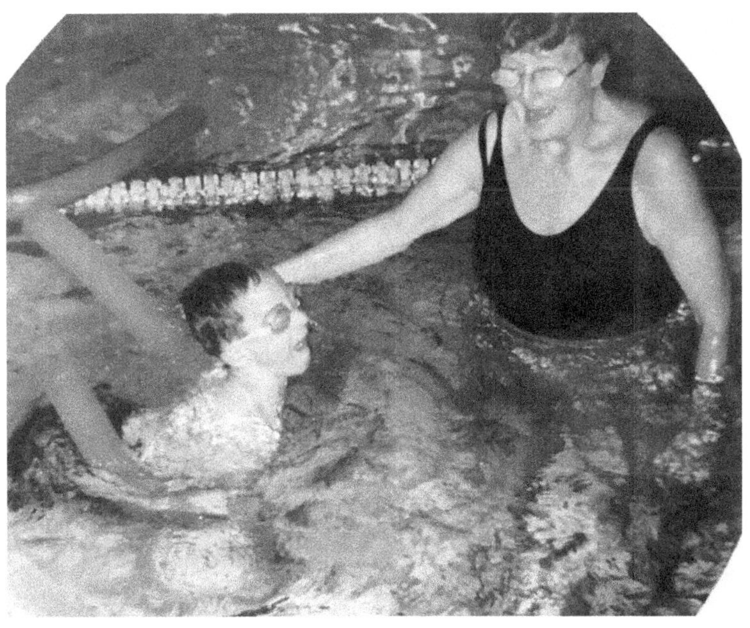

Lecție de înot

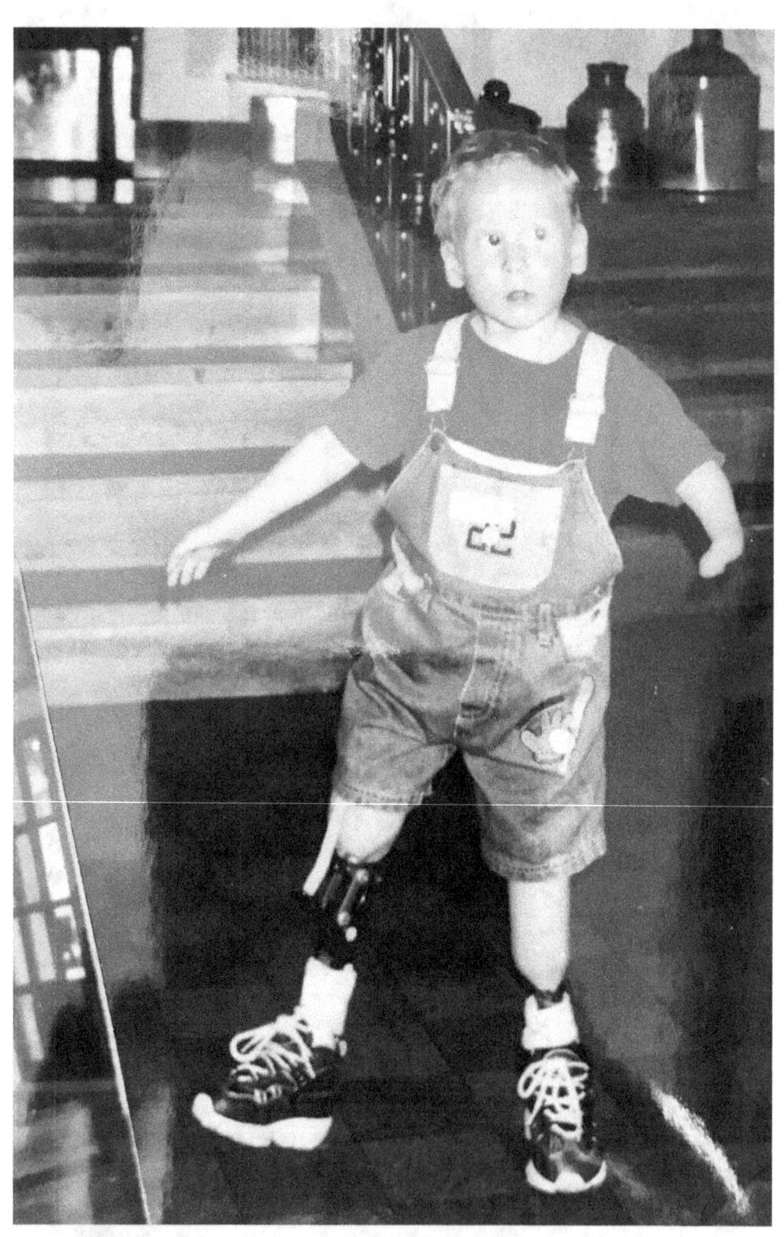

Primii pași

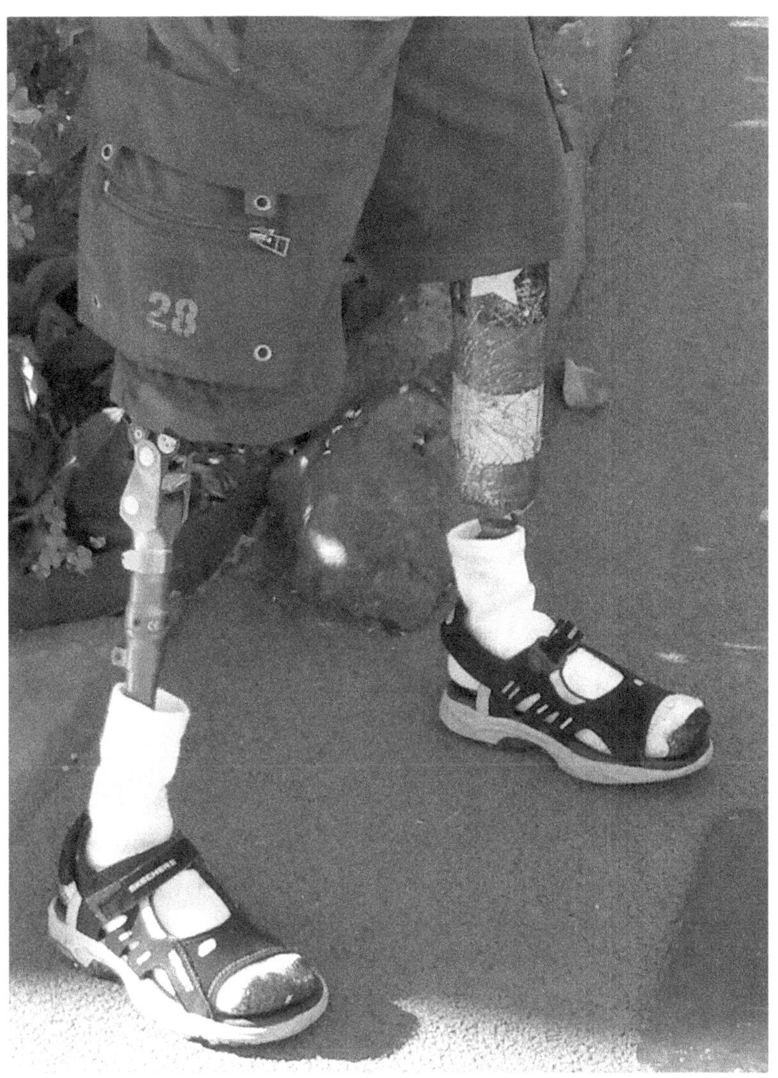

Picioare frumoase

Mama și Noot 2002

Convenție aviatică 2005

Pastorul Mihai și Ionuț

La surf în Maui

La cor în clasa a V-a

Orchestra din gimnaziu

Bunica Dorothy și Noot

Turnul Willis 2013

Windsurfing

Noot, nepoți și nepoate 2008

Ionuț, nepotul Sam, nepoata Naomi

Ionuț și pastorul Mihai

Absolvirea liceului

Noot şi părinţii adoptivi

Pastorul Eugen și Ionuț

Portret realizat de un prieten de la facultate

Absolvirea de la Asbury

Diploma de la Asbury

Părinții biologici, Cătălin și Carmen
Stoica, împreună cu Ionuț, fiul

Andreea, Carmen, Ionut, Catalin Stoica

Nunta Andreei și Cristi Andrieș

DESPRE AUTOR

Barbara este o asistentă medicală certificată cu diplomă în asistență medicală obținută la Universitatea din Wisconsin, Oshkosh. Are puțin peste treizeci de ani de experiență în îngrijire medicală, împărțită între obstetrică, geriatrie/recuperare și endoscopie. Barbara a înființat biroul Bethany Christian Services Wisconsin din orașul Fond du Lac, formând un consiliu consultativ, și activând drept consilier de sarcină timp de cinci ani. După pensionarea din funcțiile remunerate, ea continuă să slujească voluntar, ca asistentă medicală pentru biserica ei din Fond du Lac, Wisconsin.

Barbara locuiește în Wisconsin cu soțul ei Ronald, trecut de cincizeci de ani. Împreună au crescut doi copii, și sunt binecuvântați cu șase nepoți. În perioada cât au avut cuibul gol au ținut afacerea Dixon House Bed and Breakfast. Ea este pasionată să întâlnească oameni noi, de oriunde din lume, și să-și facă prieteni noi. Când Dumnezeu i-a chemat să adopte un copil, ei au știut că ascultarea face mai mult decât sacrificiul. Ionuț, copilul lor "bonus", este subiectul acestei cărți. Acum, ieșiți la pensie amândoi, se bucură de călătorit, grădinărit, şi să găzduiască musafiri din nou la Mahanaim, casa lor de pe Lacul Winnebago (Dacă sunteţi curioşi despre numele Mahanaim, căutaţi în Geneza 32:1–2). Lui Barb încă îi place să citească pe cât de mult posibil, aşa că să nu fiţi surprinşi dacă găsiţi teancuri de cărţi pe rafturi, şi împrăştiate prin casa şi maşina ei. Bucuria ei cea mai mare este aceea de a-L cunoaşte pe Isus, prietenul ei cel mai bun.